JN058266

わたしの旅ブックス
051

タバコの煙、旅の記憶

丸山ゴンザレス

産業編集センター

コロナ禍で海外への渡航がままならなかった時期、過去の旅を思い浮かべることが増えていた。とりとめもなく、いろんなことを思い出す。なかでも〝タバコの煙〟と、そこにひっかかってくる記憶は、ひときわ深く思い出に刻まれていた。

空港に到着して一発目のタバコ、喫煙所を探して右往左往したこと、喫煙所でライターの貸し借りから始まった会話、スラム街でご当地タバコを買ったこと、NYで携帯灰皿を「意識高いな」といじられたこと、追い詰められた夜にホテルのテラスでタバコの火をじっと見つめたこと、異国の地で体にまとわりつくように漂うタバコの香り……。

二度と会うことない人たちや今では存在しない場所も含めてタバコの煙のあった風景がいくつも浮かび上がってきた。俺の旅とタバコの煙は思いのほか強いつながりがあるのかもしれない。

タバコを取り巻く状況が今さらひっくり返るとは思っていない。それだけに本書は批判されるだろうし、文句がつくこともあるだろう。タバコにまつわる記憶など今の時代に使い道のないものだ。だから今のうちにまとめておきたかった。

他の人にとってはくだらないタバコのことでも俺にとっては大事な記憶の中の風景のキーとなるアイテムなのである。

かつては旅の中でタバコが登場することが自然だった。「そんな時代もあったね」ぐらいな気持ちで読んでいただけたらと思う。

タバコの煙、旅の記憶—目次

本作は、ウェブサイト「ケムール」(https://kemur.jp/)にて連載された「煙のあった風景」に加筆修正し、書き下ろしを加え再編集したものです。

フィリピン

01

銃の密造工房に漂っていた煙

長く煙たい待ち時間

2014年の終わり頃にTBS系『クレイジージャーニー』の取材でフィリピンに行った。当時、番組はまだスタートしておらず、テレビ局側から「海外ドキュメンタリーの企画をやりませんか」とメールで打診があったのが夏ぐらい。そこから打ち合わせを重ねて「実際の取材に同行させてくれませんか」となっただけで完成形などイメージできておらず、直前になっても番組の方向性もまったくの手探り状態。それでも同行を受け入れたのはテレビ番組とは思えないほど自由度だけは異常に高かったからだ。

普通だったら許可されないことを地上波のテレビで放送できるかもしれない。どうせ続くような番組じゃないんだから（スタッフの皆さんごめんなさい。当時はそう思っていました）インパクトとか伝説だけでも残してやろう。無茶でもダメでも別に構わないぐらいにしか考えていなかった。

俺が狙ったのはフィリピンの「銃密造村」への潜入だった。密造銃の繋がりは古く、第二次世界大戦で日本軍がフィリピンから撤退する際に残した銃器をベースにして作られるようになったそうだ。最初は稚拙な密造銃だったが、世代を重ねるうちに密造者たちは腕きの職人となり、現在に至るまで伝統の技術として受け継がれた。

海外でもその精度の高さから存在を知られるようになり、日本にも密輸され裏社会で広く流通するほどだったという。そのため日本で裏社会を取材していると「現地に行けば誰でも知ってるよ」と噂話程度に耳にしていた。

アホみたいな話だが、俺はその噂だけを頼りに密造銃を産業にしているという村を取材してみることにしたのだ。

自分で言うのもなんだが、楽観的な性格なので「どうにかなるだろう」と、軽い気持ちでいた。別に舐めていた訳ではない。その証拠に直前までカメラを持った同行ディレクターが一人だけいたのだが、彼とはマニラのスラム街を撮影しただけ。そこから先の取材については安全面を考慮して帰国してもらった。

今ではYouTubeを通じて俺のことを知っている人も多いので、意外に思われるかもしれないが、本格的に動画を自分で撮影したのはこの取材が初めてだった。本来の取材スタイル通り、リスクと知り得るネタとのバランスを天秤にかけて釣り合わないようだったら、安全を優先して大人しく帰ることにしていた。ところが初めての映像化のプレッシャーからだろうと思うが、徐々に「どうにかなるだろう」が「どうにかしなければ」という心情に変化していった。失敗してはいけないという不思議な感覚が心を縛っていたのだ。

ここに追い討ちをかけるように、取材がまったく動かなかったのだ。むしろ映像化のプレッシャー以上にきつかった。どうやっても取材先となる銃密造工房にコンタクトできなかった。セブ島に入ってから工房のある地区出身の人間に連絡を入れていたが色良い返事をもらえなかった（流石に野面で現地入りはせず、聞き込みしたり現地の知人を頼ったりしてそれなりの準備はした）。連絡が入ってくるまで待ち続けたが1日、2日と経つうちに、「なんともならん！」となり、流石にこのままじゃまずいと思った。滞在日数にも限界があるのだ。

取材先のフィリピンのスラム街。実はタバコを咥えている

見切り発車で現地入りすることにした。

セブ島の中心地セブシティからバスで1時間ほどの漁村。のどかなフィリピンの田舎な風景しかないような場所。銃の密造とは結びつかない。余計に不安が募っていった。しかもこの時点で仲介者の紹介で次の仲介者が出てきての繰り返し。交渉が難航しているのはわかるのだが、目の前でタガログ語混じりの英語であれやこれや、俺をそっちのけで繰り広げられていく。タガログなんてまったくわからなかったので、聞き取れた英語部分の内容から推測した。

最初に俺が答えたのは、日本から来た大学生で銃マニア。せっかく来たのだから工房を見せてほしいという感じだ。

あとの手札は情に訴えるという作戦ぐらいしかない。もし自分が繋いだときに同じ状況だったら、マジで他に「打つ手なし！」状態である。ついでに言わせてもらえば既に30代も半ばを過ぎた見た目に大学生は確実におかしい。まあ、自分で仲介者に言ったことなので仕方ないのだ。それに今さらこの設定をいじるのも不自然である。

時折、仲介者からの追加質問も浴びせられた。日本のどこから来たのか、いつフィリピンに来たのか、どこのホテルに泊まっているのか、そもそも誰の紹介なのか（俺が知りたいぐらいだった）、金は持っているのか、信用できるようなやつなのか……。

答えないわけにもいかないし、嘘ついてもバレそうだしと言うことで、個人情報がダダ漏れである。受け渡されていく情報が増えるたびに、自分が丸裸になっていくような感覚に襲われた。こうなると紛らわしに軽口でも叩きたいところだが、弱音が漏れそうだったので、口に蓋をするためにタバコを咥えた。

このときに吸っていたのはアメリカンスピリット（通称アメスピ）のメンソール。日本を出るときに免税店で買った品で数に限りがある。ここまであまり吸わないようにしていた。生来の貧乏性以外に海外で自前のタバコを減らしたくない理由は、スラム街では日本製のタバコを通貨の代わりにして渡すことがあるからだ。ポケットから現金を取り出すことで周囲に金を持っているように見られるリスクを減らせるし、何より安上がりである（結局、貧乏性なのだ）。

ついでなので、この取材当時はともかく現在のフィリピンの喫煙ルールを紹介しておくと、公共の場所では禁煙である。どこでも吸えたし、歩きタバコもお店でも吸えた喫煙天国だったが、2017年からドゥテルテ大統領（当時）が公共の場での喫煙を禁止する大統領令に署名したことで締め付けが厳しくなった。どうにも喫煙者には厳しいというのが、世界的な潮流である。

話を戻そう。取材当時は2014年。フィリピンは喫煙天国であった。どこで喫煙していようとも誰に咎められることもなかった。縁石に腰掛けて連絡を待つだけの時間、緊張と間《ま》の持たなさもあって、とにかくチェーンスモーキングだった。本数を減らさずにいたのが嘘のように吸い続けた。喉が次第に焼けてくる。水分はあまりとっていなかった。喉が乾くが、それ以上に「取材がどうなるのか」をいよいよ本気で心配していた。

永遠に感じた一瞬

「工房を見せてくれる奴がいる」と、ようやく連絡が来たのは昼をだいぶ過ぎた頃だった。セブシティを出たのが午前10時ごろだったので、漁村に入ってから4～5時間が経過したことになる。

取材の条件は明確には示されなかったが「銃マニアの大学生」という設定のままで乗り込むことにした。若者設定の割には、くわえタバコが似合う見事な中年男性（当時は30代）の雰囲気が強いような気もするが、今さらだった。それよりもようやく取材できる安堵感と高揚感がゴチャ混ぜになった不思議な感情が生まれていた。

仲介者に連れられて行ったのは山の中腹にある民家。古ぼけているが割と立派な作りで家屋と部分的に塀があるため奥の方までは見渡せない。向かう途中「カーン、カーン」と金属を叩く音が響いていた。特に促された訳ではないが、目的の場所が音の発信源であることはわかった。音の鳴る方へ向かうたびに好奇心に支配されていく。リスクなんてどこに行ったのか。待たされた分だけ、期待値が異常に高まっている。

銃を密造する作業小屋。スペース的に四畳半～六畳間ぐらい

そして家屋の裏手に回った。

「うお！　すげえ！」

テンションが一気に上がった。敷地の奥にある小さな小屋に並ぶ機材やそこにある部材が視界に入っただけで叫んでしまった。元々ＤＩＹな設備やアイテムが好きなことも手伝って、自分が潜入取材をしているのだという自覚すらも吹っ飛ばしていた。

ゆっくり俺に視線を向けてから握手をしてきたのは工房の主。50代で小柄。職人らしく仕事で鍛えられたであろう筋肉がしっかりついている。目つきは鋭い。他に敷地内には何人かゴロツキな雰囲気を出す取り巻きの男たちがいたが、特に口を出してくることもなかった。当事者以外がたむろしているのはアジア・アフリカあるあるネタなので気にもしなかった。職人の男と軽く話をして作業場を見せてもらうことにした。もちろんカメラを取り出して撮影許可も得た。

持参したコンパクトデジカメでの動画撮影はどうにも慣れない。それでもできるだけ細かく情景描写などのレポートをした。内容を悟られないように日本語を使った。値段や販売先、そして、どうしてここまで工房が見つかりにくいのか。そのあたりは職人に聞くしかないので、英語で話しかける。すると理由はすぐに判明した。

「クライアントってどんなところ？」

「昔は日本のヤクザも買いに来たけどね。今はアブサヤフ、ジェマ・イスラミーアとかの連中かな」

東南アジアで活動しているテロ組織の名前が出てきた。こんなのを相手にいったいどこの誰が簡単にアクセスできると言ったのだろうか。日本でフィリピンの闇に詳しいと言って俺を煽ってきた連中に、帰国できたら文句のひとつも言いたくなった（実際に言うことはなかった）。客がテロ組織の密造銃の工房にたどり着くなんて簡単であるはずがない。流石に売り先がテロ組織だったのは度肝を抜かれたが、銃自体は全て職人の手作りで生産量はハンドガンなら2週間で1丁、5〜10万円。至極、真っ当な手作業のようだった。（詳細につ

密造銃のベースとなるパーツ。完成品を見るよりレア

いては過去にもしっかりレポートしているので、知りたい人は拙著『世界の混沌を歩く ダークツーリスト』を参照してください）

さて現場に戻ろう。ここまでで知りたいことが知れて、気が抜けてしまった俺は、この後の落とし所、取材の締め方や現場からの切り上げ方について少し考えをまとめる時間が欲しかった。そこでタバコを吸うことにした。

アメスピの入ったケースをポケットから抜き取った。海外取材の際にはケースにボックスを入れているのだ。プラスチック製で日本だと作業着の胸ポケットにピッタリと収まるようになっている。突然の雨や汗などでタバコの箱がくちゃくちゃに濡れないようにできるため重宝している。かつて遺跡の発掘現場や測量の仕事をしている時から愛用している便利グッズである。

このタバコケースを海外取材で使っている理由。それは、「なんだそれ?」と聞かれることで、話のきっかけ作りになることが多かったからだ。今回もそうなるとばかり思っていたが、職人の方は、むしろ中身に興味があったようで、こちらにつられて欲しそうな表情を浮かべていた。

「どうぞ」と差し出すと職人の男が1本抜き取る。一緒になってタバコに火をつけた。ゆっくりと思案を巡らせた結果、浮かんできたのは「悪ふざけ」だった。

昔からの悪癖なのだが、俺という男はここぞという時に調子に乗りがちなのだ。

子供の頃にお盆の墓参りで親戚一同が集まったことにテンションが上がって、先祖の墓によじ登って転落からの大流血。これを2年連続でやってしまったほどだ。他にもやらかしたことなど数知れず。とにかくやらなきゃいいことをしてしまうタチなのである。この時も魔がさしたとしか言えないのだが、本当に必要のないことを口に出してしまった。

「俺がもしドキュメンタリーを撮りにきたジャーナリストだったらどうする？」

自ら銃マニアの学生の設定を覆したのだ。すると、現場に漂う静寂はこれまでに経験したことのない張り詰め方をした。目の前に「しーん」と表示されたかのような空気だった。

「やばい、気のせいであってくれ」と思ったが、決定的な言葉が職人から出た。

「殺すよ」――

目の前にいる50代の小柄な男が急に恐ろしく見えた。怖すぎて、それまでは気にしてもいなかった取り巻きについては目も向けられなかった。やらかしてしまった。これ以上ないほどはっきりとわかる失言だ。ここで次の一手をどうすればいいのか。それを考えるよりも手に持ったタバコを吸った。煙が喉に張り付くという感覚をこれ以上ないほどに実感できた。静寂の中、山中の木々の擦れや鳥の鳴き声がものすごく耳に入ってくる。

自分からか、職人からかわからないがタバコの煙が目の前を漂っている。この瞬間が脳裏に焼きついた。

煙と一緒に消えたい気持ちがぐるぐると回る。永遠にも思えるような長い一瞬を挟んだ末にようやく捻り出したのは、

「冗談だよ」

である。薄っぺらい言い訳だった。だが他に出なかったのだ。いくら極めて明るく発したところで、何の捻りもない言い訳が果たして通用するのか。この場で硝煙が立ち上がることのないように祈るだけである。

「冗談か」

職人は納得してくれた。なぜだろうか。あとから思えば、この時のリズムが大事だった

のだと思う。タバコを一口吸って、それを吐き出してから短く喋る。相手もそのリズムで繰り返す無言のキャッチボール。考える時間が不自然に感じられなかったのだと思う。以前、タバコを吸わない友人から「タバコを吸う人同士の独特のリズムがあるよね」と言われたことがあるのだが、この時のテンポがまさにそれだったのだろうと思う。タバコをひと吸い。その後の旅でも、これが俺にとって思考をまとめるキーになっていった気がする。

取材が終わり至福の一服になるはずが、直後にやらかすことに！

ともかく、どうにかなった。それでも吸った煙の味が全くしないし、喉に絡み付かずに肺に入っていく感覚だったのをよく覚えている。きっとこれが命ととくダネを拾った時の味なのだろう。

ここから先の記憶は少々ぼんやりとしている。なるべく早くに現場を立ち去りたくてたまらなかったからだ。握手しながら謝礼を渡した。手にあらかじめ千ペソ札を何枚か握っていたのだ。迷惑料を兼ねて多めに渡したと思う。

工房を後にしたら、ゆっくりと坂道をくだりながら近くのバス停に向かった。バス停には食堂が併設されていた。不思議な造形のようだが、単に食堂の前にバスが来るだけなのだとわかってからは安心して腰を下ろした。店の人によればセブシティへのバスが来るまで1時間近くかかるという。そんなことはどうでもよかった。むしろ何かしら液体を流し込みたかった。

「ビールくれる？」

「レッドホースしかないけど」

投げやりに注文したレッドホースは現地の労働者階級に人気のビール。観光客が好むすっきり目の味のサンミゲルライトやスタンダードなサンミゲル・ピルセンとは違ってアルコール度数の強いドロッとした濃い味だ。さっきまで乾いていた喉にビールが染み込んでいった。

この後、バスに乗ってセブシティへと向かう道中、夕暮れから夜に差し掛かる海岸沿いの美しい景色はほとんど目に入ってこなかったが、異常な興奮状態に包まれていたことだけはよく覚えている。

この日に味わった静寂のなかで流れていく煙が視覚に焼きついている。そこに至るまでの色々を混ぜ込んだ記憶と一緒くたになって今も俺の中にあるのだ。

レッドホースはフィリピンに行くと必ず飲む。とにかく濃いめで美味しい

02

はじまりの煙

バンコク

最初の旅

初めて海外に出たのは1998年の夏だった。それまで日本国内を旅していたがいよいよ海外へと踏み出す決意を固めた。というのも当時は猿岩石のユーラシア大陸横断、テレビ版『深夜特急』の放送、いしだ壱成のCMによるタイ旅行のブームなどなど、若者が海外、特に物価が安く長期間滞在できる東南アジアあたりを旅するのが当たり前になっていたからだ。旅好きな俺が海外に行っていないことが自分で許せなかった。

Eチケットなんて存在していない頃のことだ。下北沢のHISの店舗に行って最安値のチケットを買い、夏休みの全期間を旅に費やすことにした。行き先はタイである。ブームの後押しもあったが総合系の空手を嗜んでいたこともありムエタイに興味があった。せっかくなので本場のジムに通ってみようということで武者修行を兼ねることにした。

今になって思えばあの頃の世の中はタバコに寛容というか、多くの人が無関心だった。灰皿は駅のホームにあったし、空港も喫煙所がそこらじゅうにあった。もっと古い旅人に言わせれば、飛行機で吸えた時代があったというのだが、流石にその経験はしたことがない。

ともかくタバコに寛容な時代であり20歳の俺は何の問題もなく喫煙者であることができたので、成田空港の免税ショップで自分が吸うためのタバコ、ラッキーストライクを1カートン購入した。実は直前に読んだ旅行記の中で、「免税でタバコを買うことがお決まり」みたいなことが書いてあっただけで、免税の仕組みがどれほど得なのかすらよくわかっていなかった。今より半分程度の一箱250円ぐらいだったこともあり、免税のお得さもそれほど実感できないでいた。

バンコクに降り立った俺はすぐにカオサン通りを目指した。ガイドブックや事前のリサーチでは「そこに行けばどうにかなる」となっていたからだ。路線バスを乗り継いで渋滞する市内を抜けていく。旧市街の端っこに位置する何の変哲もない通りに安宿がひしめき合っており、通りには屋台が並ぶ。およそ旅に必要なものはここで全て賄えるような場所だった。

カオサン通り。俺は「カオサンロード」と呼ぶことが多い

行き交う人たちもどこかの国から訪れた外国人ばかり。日本人、それも同世代の若者たちの姿も多かった。通りから溢れる熱気は気候によるものではなく、この通りに集う人々から発せられるエネルギーのようであった。世界が旅を許してくれている気がした。

飛び込んだ先はドミトリーで日本人宿だった。今でこそ避けるような宿だが、当時は何もわからない初心者だった。ドミトリーも知識として知っている程度のもので、実際に泊まるのは初めてのことである。

そんな宿のベッドにカバンを置いて、まず最初に出かけたのはバンコクを代表する歓楽街パッポンだった。実は空港で空手道場の先輩と遭遇して、遊びに連れていってもらう約束をしたのだ。

目の前に広がるGOGOバーの煌びやかな世界。すっかり魅了された。GOGOバーはタイを代表する夜遊び。ステージに露出度の高い女の子たちが並び音楽に合わせて体をくねらせる。

気になった子がいれば店員に言ったり、目で合図して自分の席に呼ぶことができる。その後は交渉次第で外に連れ出すこともできる。詳しい値段までは覚えていないのだが、渋谷のレストランの厨房で稼いだバイト代が旅の資金になっている俺にとっては真剣そのものだ。

日本円に両替したタイバーツ札の一枚一枚に血が通っているイメージなので、とにかく無駄にしたくなかった。ステージにかぶりつきで何人もの美女たちを眺めながら、タバコを咥え、シンハビールを飲んだ。灰皿には何本ものフィルターが刺さっていた。全て日本から持ってきたラッキーストライクだった。

俺は、自分がムエタイの修行というストイックな目的で訪れたことも忘れて、灼熱の熱い熱いバンコクの夜を堪能した……はずだったのだが、簡単には終わらなかった。

きっと変にこだわらずにダンサーの女の子を選んでいれば何も起きなかったはずだ。それなのに旅先の高

バンコクの熱い夜の象徴、GOGOバーの立ち並ぶ一角

揚感と、妙な欲張りから、まだ決められずにいた。

既に一緒に来た先輩はお気に入りの女の子とどこかに消えてしまった。俺も飲み続けるのか、帰るのか、それとも連れ帰るのか選択が迫られていたのだ。これ以上は引き延ばせない。

俺が選んだのはショートカットで細身の、ダンサーではなくスタッフの子だった。

店は暗くてはっきり確認しなかったが、かなり可愛い子だった。

今の時代に笑い話としてしまっていいのか難しいところだが、その夜に遊ぼうとGOGOバーから連れ出した彼女は、元男性のレディボーイであった。割と密着して歩い

通路にたむろするダンサーの女性たち。喫煙率が高く通路は喫煙所と化す

ていたのに連れ込みホテルに行くまで気がつかなかった。それほど舞い上がっていたのだ。いざ服を脱いでとなったところで、彼女の体を見てようやく気がついた。その瞬間、露骨に嫌な顔をしてしまった。

言葉は通じなかったけど、彼女の方も俺が選択を誤ったと思っていることを察したのだろう。優しく「終わりにして帰る？」と拙い英語で声をかけてくれた。

「帰る」と返事をするので精一杯だった。

別に彼女が悪いわけではない。むしろ、俺が選んだわけで迷惑をかけたに過ぎない。とりあえず彼女にお金を手渡して、やり場のない感情を抱えたまま一人ホテルを出た。俺の旅の初日は最悪の気分のままで締め括られると思いながらカオサンに向かった。トゥクトゥクに乗ってバンコクの夜景を眺めながら夜の空気にタバコの煙を混ぜるように吐き出した。

旅人になった夜

宿に戻った俺のことを待っていたのは同部屋の連中だった。ドミトリーに10人以上いただろう。20～30代の男ばかり。みんな日焼けして着古したTシャツやタンクトップである。ベッドに腰掛けて飲み会をしているようだった。

昔からコミュ力は低い方ではないが、流石にこの輪の中に入っていくのはハードルが高い。いったいどうやって溶け込もうかと思っていると、輪の中心にいたアラサーぐらいの男が俺のことを見ていきなりかましてきた。

「ヒーローが来たね」

なんのことかわからず「？」を顔に浮かべた。

俺の困惑を楽しむように彼は続ける。

「パッポンでレディボーイ買ったでしょ」

今度は「なんで知ってるの？」の「？」を浮かべたが、それでも俺は本能的に「ここは引いちゃダメだ」と思った。どうせやられるなら前のめり。とにかく突撃である。

「聞いてくださいよ～」

飲み会の輪の中に飛び込み、今日が初海外で空手道場の先輩に偶然出会って夜の街へ。

そこでちょっと変わった子にチャレンジしたい精神からダンサーじゃなく店員の子を指名

したらレディーボーイだった。ホテルまで行って気づいたけど、どうしようもなく行き場のない怒りが湧いたままここに来たと、顚末を説明した。

それを聞いたみんなが大爆笑。

「ヒーローだ！」「勇者だ」「最高だよね」

口々に絶賛の嵐だった。今になって思えば飲み会に格好のネタを提供しただけなのだろうが、その瞬間から一気に打ち解けることができたような気がした。実際、そこからはフロア全体で会話のキャッチボールがスムースに進んでいった。その過程で今度は彼らが知っていた理由を説明してくれたのだ。

答え合わせをしてみれば、ものすごく単純なことで、彼らも同じ店にいて、俺がレディボーイを連れ出すところを見ていたそうだ。やはり舞い上がっていて周囲が見えていなかったのだろう。

「な〜んだ」とちょっとつまらなそうに、でも安心したかのような反応をしたところで、あらためて自分の手持ちのラッキーストライクに火をつけた。今では考えられないかもしれないが当時は屋内でもタバコを吸うことは問題なかった。

いつの間にか手渡されていたビールを飲み干し、くわえタバコで酒盛りのメンバーとして迎え入れられていた。

自分が持っている小瓶がタイで最も有名なシンハビールであることはわかったが、それ以外のみんなが持ってるローカルな銘柄のビールは見たことがないものばかり。「なんですかこのビール？」と聞いてみると「シンハより安いから」という理由で買ってきているらしい。そういえば周りの人たちが吸っているタバコも見たことないパッケージのものばかりだ。些細なことで、今自分が海外の旅を始めたのだという実感が湧いてきた。

「日本から買ってきたの？」

「免税で買いました」

「1本、交換しない？　俺、日本から持ってきたタバコが尽きちゃって」

自前のラッキーストライクを吸っていると横に座っていた坊主頭の青年（と言っても当時の俺よりも年上）にそう言われて、謎のローカルタバコをもらった。ラッキーを消して、そのタバコを吸ってみた。安くて濃い味がした。吸い込むと喉に張り付く煙が粘っこい。ビールが進む。

やがて話の中心は周囲の人たちの旅歴に。これから先の旅の予定。今まで遭遇したトラブルや思い出の場所まで、いろんな話に移っていった。とにかく旅のことをひたすら語り合ったのだ。それでわかったのは、この宿にいる人たちの多くは数ヶ月から年単位の旅をしているベテランが多いということ。これまで日本で出会った旅好きとはレベルが違う。なにせ実際に人生をかけて旅をしている人たちが目の前にいるのだ。俺は彼らの旅の話を聞くことに夢中になっていた。持っていたラッキーストライクは徐々に減っていき、明け方にはほぼ残っていなかった。

どれだけのタバコを吸って、何本のビールを飲んだのかはわからない。覚えているのは視界がぼやけるほどに充満したタバコの煙。海外で、旅のことしか考えないでいい空間に包まれたのだという実感。この瞬間、俺はこう思った。

「ここから俺の旅は始まるんだ！」

最高の旅のスタートになったと思う。しかし、まさかそれから20年以上も旅をするような人生になるとは思わなかった。

ともかく、この日から俺は彼らと行動を共にしてバンコクで様々な経験をすることになる。当初の目的であったムエタイ修行などどこかへ行ってしまった。しかも延長して海外に留まったために大学の後期の授業に間に合わないほど旅にはまっていた。

　それもすべて、あの夜があったからだと思う。そしてそれは、自分の旅人としての生き方を決定づけたように思う。

　今でも時々想像してしまう。もし、あの煙の充満した部屋での出会いがなかったら、どうなっていただろう、と。きっと今の自分はいなかった。俺はあの二度と出会うことのない煙だらけの風景を、今もどこかで追い求めている。

夜食に屋台で麺をかきこむ筆者

03

新しい煙の流れる風景を見つめて

バンコク

日本人が狙い撃ちされた警察の恐喝

久しぶりの海外取材で訪れたバンコク。初めての旅で吸っていたタバコのことをふと思い出して、懐かしい現地タバコを探して買った。タバコを持ってホテルの部屋に戻り、ベランダに出ると、スクンビットのBTSアソーク駅あたりにぶつかる大きな通りが見える。ここにはちょっとした思い出がある。

今回の旅で宿を取ったのはプロンポンとアソークの間である。トンローを加えたエリアはバンコクの中でも日本人街と呼ばれるほど、日本人が密集して住んでいる。元々駐在員たちを相手にした商売の人たちが連鎖するように増えていった。おかげでタイ語がわからなくても暮らせるエリアとして定着している。

そのこと自体は問題ないのだが、この地区に入ってくる大きな道路では時々警察が検問を設置しているのだ。

警察の検問というと飲酒や免許の携帯などが浮かぶだろうか。だが、ここでチェックするのは「iQOS（アイコス）」である。

日本ではお馴染みの加熱式タバコのiQOSで間違いない。勘違いではなく、日本製の

ｉＱＯＳが狙い撃ちされているのだ。

「なぜ？」と思うのはｉＱＯＳ愛用者ではなくても当然のこと。実は２０１４年12月から「電子タバコ禁止条例」が施行されて禁止になっているのだ。

俺もしっかりとタイの法律を確認したわけではないので断言できないのだが、一般的に言われているのがタバコ税を払わずにタイ国内に持ち込んでいるからということのようだ。正直、よくわからないのだが、いずれにせよｉＱＯＳに対する取り締まりは厳しい。

販売はもちろんだが、所持、使用も禁止になっている。つまり言い方は良くないが麻薬と同じ扱いになる。ポケットに入れているだけでアウトなのだ。しかも、違反すると最高で10年の懲役、または50万バーツ（約１７０～２００万円）の罰金のいずれかが科せられる。これはかなり重い罪と認定されているということなのだ。

「俺はｉＱＯＳ吸わないから」と油断している人もいるだろうが、Ｐｌｏｏｍ ＴＥＣＨ（プルーム・テック）やｇｌｏ（グロー）など、日本で普及している電子タバコが広く含まれるのだ。

タイでの電子タバコ禁止条例自体は旅人界隈で話題になったので、当然ながら情報としては知ってはいた。それでもｉＱＯＳ狙いだろうと思って油断していた。おかげで以前の滞在で検問に引っかかった時にポケットにPloom TECHを放り込んだままだったことがある。

その時、一緒だった友人のバンコク在住カメラマン・明石さん。バンコクで取材がある場合には、彼にカメラ撮影をお願いしている。普段は会社を経営しているのだが、副業と趣味でカメラマンをしているので、動画もついでにお願いしますという無理なお願いをしている。そんな彼から事前に「前に警察の検問で10万バーツの罰金を課された知り合いがいるので気をつけてください」と言われていた。条例に定められた罰金満額ではないがそれなりの額を請求される。その理由について明石さんに尋ねた。

「これって警察のアルバイトだったりするの？」

「もちろんです。ほぼ恐喝ですよ。だから、連中は日本人を見ると必ず検問でストップします」

まさにこんなやりとりをしていたタクシーが止められたのだ。その瞬間、俺は自分のポケットの中にPloom TECHがあることに気づいた。

「iQOSじゃないから大丈夫かな？」

「多分、無理です」

焦った表情を浮かべていた。しかも検問の警察は出てきて身体検査をすると言っているようだった。

俺の表情の変化を見ていた明石さんの顔は、「どうするんですか?」と訴えていた。もはや逃げ場がない。俺は自分の所持金で罰金を払えるだろうかと、最悪の事態を想定しながら車外に出た。とりあえず警察の身体検査に応じるしかない。下手に賄賂を送るとむしろ問題になるかもしれない。

一歩ずつ警察が近寄ってくる。いよいよ警察が俺に触れようとした瞬間、閃いた。ポケットに手を突っ込んで、俺は「これでしょ?」と言いながら手持ちの紙タバコを差し出した。Ploom TECHだけでなく紙タバコも吸うので、それを先んじて出して終わりにしようとしたのだ。

隠すよりも能動的に動くことで乗り切ろうと思った。ところがそこで奇跡のイレギュラーが起きた。タバコに引っかかってポケットの他の雑品が落ちたのだ。携帯灰皿やスマホ、ライターなどだ。奇跡的にPloom TECHは落ちなかったが、異常に挙動不審になってしまったのだ。下手くそなリアクション芸人の動きのようだった。その様子がおかしかったのか、警察たちは笑いだした。

「なんかすいません」的な動きをしながらヘラヘラしている俺のことを見た警官たちは「いいよ、行けよ」と言ってきた。

笑わせたら勝ちなのだ。

過去にもシビアな場面でジョークで相手を笑わせて乗り切った経験からそんなことを思っていた。偶発的とはいえ、うまくはまった形になった。

安堵した表情で戻ってきた俺に明石さんからも「奇跡ですね」と労いの言葉が投げかけられた。実際、俺も奇跡的に助かったなと思った。しばらくして落ちつきが出てきて不意に、「Ploom TECHなんて小さいんだからタクシーのシートの隙間に挟んで出ればよかったんじゃないか?」と思った。多分、そうすることで乗り切れただろう。まあ、結果オーライである。

この時の教訓からPloom TECHはタイに持ち込むことがあった場合、ホテルに置いておくことにしている。

ホテルのベランダで、そんなことを回想しながらでコンビニで買ったタイのローカルタバコ「L&M」を吸った。その昔に吸った味かどうかわからない。でもどことなく懐かしい味がした。

そして、夜の空に流れていく煙を見ながら思った。厳しく取り締まっているようだが、それは警察の気楽なアルバイトのようでもある。変な二面性だが、不思議と腹立たしい感じはしない。アジアの緩さを象徴しているような気がしたからだ。

そして、過去からの流れを断ち切るような変化が起きている。今や大麻がタバコに取って代わろうとしている。2022年夏、タイはアジアで初めて大麻を非犯罪化した。これからは大麻を求めて世界中から旅行者が集まってくることだろう。

煙が夜空に流れていく

かつては「大きな罪」として裁かれたマリファナがポップなアイコン化していこうとしている。ジョイントとタバコの形は同じなのにタバコの方が厳しい感じがした。新たな煙文化が生まれていく。これもこの国の新たな潮流なのだろう。久しぶりに訪れた外国で煙を通じて時の流れを感じることができた。

バンコクに急増した大麻ショップ。今後どう展開していくのかは見守るしかない

1 妙なタバコの持ち方の理由

タバコを吸っていると「妙な持ち方しますよね」と指摘されることがある。そんなことを言われたら、「失礼なやつだ」と思うのだが、実際に持ち方におかしいところがあるので、「致し方なし」と納得している。その持ち方とは、親指の第一関節と人差し指の付け根でタバコのフィルターを挟んで、残りの指を屋根のようにしてタバコの本体を覆うのだ。

もうひとつ付け加えるとこの持ち方をした際には吸い方にも特徴がある。挟んだところからフィルターをはみださせず、フィルターの吸い口と挟んだ指をできるだけ平らにする。そこに口をつけて周辺の空気ごと吸うのだ。いったいこの吸い方はなんなのか。

それは25年前のインド旅に遡る。

あの頃の俺は、とにかく金がなかった。上京してバイトをしながらの大学生活。充実していたが、それだけでは物足りなかった。若いうちに海外へ行くムーブメントが起こって、どうしてもそこに乗りたかった。

実家は普通のサラリーマン家庭で、仕送りは期待できず裕福な大学生ではなかったが、旅に出たかった。高校時代から青春18きっぷを使って国内を旅する程には旅が好きだった。

渋谷の飲食店でバイトした金をどうにかかき集めてチケットを買った。何度か海外と日本を行ったり来たりするようになって、節約すれば自分の予算でも旅ができることがわかった。航空券込みで一ヶ月10万円が目安だった。

泊まる宿はとにかく安いところ。ドミトリー最優先。飯は食堂で食べることができたらいい方で、屋台で何か食べたら残りの空腹分は水を流し込むような感じで構わない。そんなやり方で東南アジアを中心に旅を重ねたが、どこへ行っても貧乏旅行だった。必然、嗜好品である酒やタバコに回せる金なんてごく僅かである。

物価が安く、長期滞在が当たり前になっていたインドの旅でも同様で、カルカッタ（当時）のサダルストリートにあった日本人宿にチェックインしてタバコを吸っていると、長旅をしてきたと思しき日本人から「それ、日本製ですか？」。「そうだ」と答えると「交換してください」となり、遠慮なくたかられた。一応インドタバコをくれるのだが、あっという間に日本から持ち込んだタバコは底をついた。

だから、アレに頼るしかなかったのである……

②につづく

ューヨーク

04

安宿の天井に吸い込まれた煙

ニューヨークの煙（?）に憧れた

「マンハッタンで地下から噴き上がる煙の中をかき分けながら歩きたいんです。大きなコーヒーカップを持って。だからニューヨークに行きます！」

何年も前の話だが、こんなニューヨークへの憧れを大真面目な顔で俺に伝えてきた後輩ライター（当時20代後半）がいた。しかも、渡航目的は旅行ではなく留学したいのだという。

彼の言う煙とは地下を通るスチーム管から漏れ出した蒸気のことで、冬場のニューヨークの風物詩である。ニューヨークを舞台にした映画好きなら、そのスチームに憧れるのは仕方ないところではあるが、その風景の中に入り込んでコーヒー（しかもラージサイズ）を持って歩きたいから留学するとなったら、さすがに「アホじゃないか」としか思えなかった。

発言した当時、彼には何冊かの著作があり、雑誌やニュースサイトのライターとしてキャリアも積んでいた。そのまま行けば売れっ子ライターと呼ばれるのも遠くないはずだった。それなのにすべて捨てるとまでは言わないが、いい流れにあるライター生活を止めてまで留学する価値はあるのだろうかと、老婆心ながら思ってしまったのだ。

ただ、その一方でニューヨークへの移住を決断したことを羨ましいなとも思っていた。

過去に何度かニューヨークを訪れた経験から、あの街のことを俺自身が気に入っていたからだ。旅で滞在することがあっても、そこに住むというのはどんな感じなのだろう、自分だったらどんな生活をするのだろうかと想像を巡らせてしまった。

彼の決断を尊重して応援すると決めた。ところが困ったことに彼の宣言は、別の問題を生み出した。当時、新宿のマンションの一室を仕事場として彼とシェアしていた。彼が渡米するということは、事務所を引き払う必要が出てくる。10万円以上の家賃を一人で負担する余裕はなかったからだ。

応援するからと言って、新たに仕事場を探すことは億劫だった。できれば拠点を新宿から離したくはない。どれぐらいで見つけられるだろうかと考え込んでしまったが、彼の方も決意を口にした反動からか黙り込んでいた。

同じ場所で多くの時間を共にした俺と彼との人生が、二つに分かれそれぞれの道を歩き出す。どちらからともなくタバコを咥えた。

六畳間に充満する煙。ニューヨークへの憧れ。自分の将来。彼の未来。そんな記憶とセットになって、ニューヨークを連想するとどうしてもこのことを思い出してしまう。

安宿に漂う煙

ニューヨークと煙にまつわるエピソードは他にもある。

イーストリバーとハドソン川に挟まれたマンハッタン島。ニューヨーク市の中心であるこの場所は、多くの人にとっての憧れの街であり、世界最先端の文化を発信する都市、とにかく華やかなものだろう。実際、俺にも子供の頃からアメリカに憧れがあった。映画はもちろんのこと、少年期に触れることができた外国といえばアメリカだったからだ。

大人になった俺がアメリカを訪れたメインの目的は取材。仕事である。いかに憧れの地とはいえ、旅人である俺が直面する現実問題がある。宿代が世界屈指の高さであることだ。たしか、10年以上前のことだ。30歳前半の俺はライターとしてはそれなりになった自負もあり日本での生活には困ることはなかったが、取材費を余裕で用意できるほど裕福でもなかった。一つの取材旅ごとに資金をかき集める感じだった。

予算の大半は航空券でその次は宿代。アジアの安宿ならともかく、ニューヨークともなれば、中心部のまともなホテルに泊まったら2週間で20万円ぐらい軽く飛んでいく。少しでも節約するために宿選びにはいつも苦慮して、あらゆる手段で安い宿を探していた。そんなわけでリーズナブルなホテルには馴染みがあったが、その中でも最高にヤバかったのは、「最安」の宿だった。あるニュースサイトで「ニューヨークで最も安い宿」として紹介されていたのだ。

値段は30ドル。コロナ前の時期には平均300ドルともいわれたマンハッタンのホテル代で破格なのは間違いない。しかもチャイナタウンとリトルイタリーの間と好立地。マンハッタン島の中心部からはやや外れているが、これほど安いはずがない。当然ながら「なぜ？」と思うだろう。俺もそうだった。記事にはホテル名ははっきり書いていなかったが、バワリー通りがチャイナタウンにぶつかるあたりの雑居ビルという情報をもとに探してみることにした。

ブッキングサイトや地図を頼りにあた

マンハッタンのタイムズスクエアで自撮り。ベタだけどやってみたかった

りをつけて日本から予約を入れる。本当なら飛び込みでいいかなとも思ったのだが、宿なしでマンハッタンをさすらうのは御免だと思った。

ＪＦＫから地下鉄でカナル・ストリートあたりで降りたような気もするが、正直、どこの駅かは覚えていない。その時は、中米の取材の帰りに立ち寄ったので疲労困憊だったのだ。重いバックパックを背負ったまま住所を頼りに足を引きずるようにして宿に辿り着いた。

くすんだ色の建物でボロかった。フロントは急階段を登った先。ニューヨークの安宿にありがちなスタイルだ。どんな接客をされるのだろうとワクワクしていたが、スタッフの対応は普通。特に感情を挟むこともなく、こちらがバックパックを背負った日本人であることは別にどうと言うこともない感じだった。鍵を渡されて「部屋は上だよ」と言ったきり、案内するそぶりもなかった。自分で行けということだろう。

まるで刑務所のような重い鉄扉を開けると、また急勾配の階段があった。そこをあがって宿泊フロアに入るには、またまた同じ重い扉があった。

扉を開けて中に入ると天井まで達していない壁が大きなフロアを細かく間仕切りしてい

る謎空間があった。印象としては、まるで遊園地のアトラクションの迷路のような作りだ。ただし、そこが宿泊施設である証拠があった。ドアに部屋番号が書かれていたからだ。

余談だが、この手の間仕切りスタイルの宿はマンハッタンのリーズナブルなホテルでは珍しいものではない。俺も何度も利用したことがあった。それなのに俺を若干戸惑わせたのは、とにかくボロくて宿泊施設と思えない暗さからだった。とはいえ、こうなってくるとむしろ特殊な構造とボロ加減のバランスがかえって面白くなってきていた。

とりあえずは、宿泊する室内の探索である。ドアを開けると部屋というか独房のような2〜3畳ほどの空間にベッドがあるだけだった。天井には金網が張ってあった。

「牢屋か!」が部屋を見た印象である。まさに寝

細かく間仕切りされたホテルのフロア。ぱっと見、ホテルには見えない

るだけのスペース。それ以外は必要ないだろと言われた感じがした。香港で似たようなホテルを経験していたので、「これぞ狭くて地価の高い街ならではの機能美、ニューヨークスタイルだな」と思って納得できた（当時の俺はだいぶニューヨークに肩入れしていたのだろう）。

あとは施設内にどんなものがあるのか、そっちの方が気になって仕方ない。とりあえずバックパックを放り出してホテル内を探索することにした。

宿泊施設は何フロアかあるようだったが、施錠されている場所もあったので自分の滞在した場所を含めて3フロアしかまわれなかった。

1階上のフロアは宿泊フロアと違いはない。気味が悪いぐらいに同じである。階数と部屋番号でも確認しないと間違えそうだし、視覚的に記憶していたら、脳内のメモリごとバグって崩壊しそうなぐらいである。

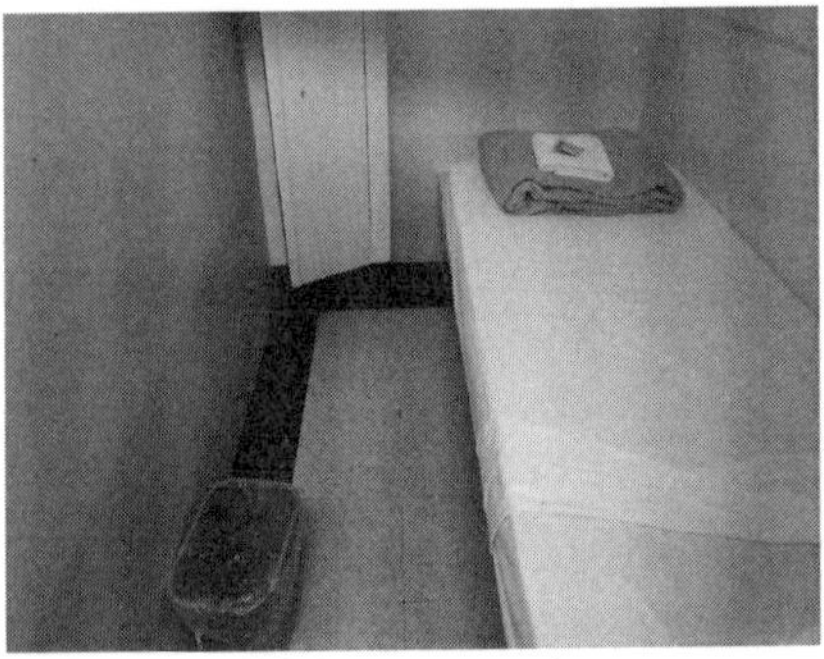
個室のベッドは診察台ぐらいのサイズ

それ以外では、共同シャワールームの洗面台にこれまで見たこともないぐらい大きな鼻くそが、鼻毛数本と一緒に固まって落ちていたことぐらいである。実は、この記憶が何年経っても消えないぐらいに焼き付いていて困っている。人間、意外なものを覚えてるものである。

とりあえずここまではホテルのオプションみたいなもの。

一番のお楽しみは、1階下のフロアである。

鉄扉にはのぞき窓があり期待が高まる。奥を見ると上層の2フロアと同じく仕切りの壁が続いている。どこまでも続くように感じる奥行きが怪しい気配の充満度をいっそう濃くしてくれていた。

扉を開けた。すぐに怪しさの根源的な理由がわかった。煙いのである。タバコの匂いもするし、それ以外の煙も感じられ、気のせいかフロア全体の視界が悪い

同じ部屋がずっと続く。フロア全体どこをみても同じ

気がした。

仕切りの壁の色は、俺の宿泊フロアよりも明らかにくすんでいる。というか、床から何から全体的に小汚い。掃除というよりも手入れが不十分なところに経年劣化も加わったという感じだった。

「ここには誰も泊まっていない閉鎖されたフロアなのか?」と思ってうろつくと、いくつかの部屋の前を通った時に人の気配がした。宿泊者はいるようだ。実はこのホテルに入ってからスタッフ以外の人間を見ていないなかった。それなのに人の気配はするという不思議な感覚があったのだ。その疑問がようやく解消された。それによく見れば、薄暗いフロアのおかげで漏れてくる灯りが確認できる。

この時点(昼ぐらい)でチェックイン済みということは連泊しているはずである。おそら

ホームレス専用フロア。一般客のフロアよりも煙い感じがする

くであるが、ここはある種の常連専門のフロアなのだろう。それにしては手入れがなされていないのは不思議だった。そして、思考の片隅にはもう一つの可能性、むしろ正解であろうというある考えが浮かんでいたが、断定できる材料を求めて、さらにフロアをうろつくことにした。

迷路のような構造にも慣れてくると、同じに見えたドアにも違いがあることを認識できるようになった。そして、視界不良の正体を目撃することになる。

ドアを半開きにした部屋の中が見えた。部屋の主人がカセットコンロに鍋を置いて料理をしていたのだ。部屋主まではっきり見えなかったが、結構な歳上、のびた髪と髭の様子から老人っぽい感じがした。直感的にホームレスみたいだとも思った。

男は俺が見ていることに気がついたようで、半開きのドアをガシっと閉めた。天井を見ると湯気が立ち上っていた。料理は続いているようだった。

白い煙に見えたものの正体が料理によるものだとわかったわけだが、そうなると俺の部屋と変わらないスペースでの料理作業。器用なものである。それが判明しただけでも、この宿の怪しさもいよいよ極まってくるように思えた。

フロアをさらに奥へと回ると、そこかしこに「occupied」と記入されたドアがあった。いずれもゴミなのか荷物なのか。謎の小袋などでいっぱいになって入れなくなっていた。

この手の荷物には見覚えがある。日本で行き倒れの取材をしている時に、知り合ったホームレスたちが同じような荷物の収納をしていたからだ。

先ほどの「occupied」が「使用中」の意味なのか、「占拠されている」のか、どっちの意味なのかを考えながら、この散策で先ほど思っていたむしろ正解であろうもう一つの可能性を確信した。宿泊者の多くがホームレスなのだ。

占有された部屋。こんな部屋が無数にあった

納得したところで、そろそろ自分の部屋に戻ろうかと思っていると、今度は窓の枠に腰掛けた男が当たり前のようにタバコを吸っていた。というかタバコの匂いに釣られてここまできたのだ。鼻先に煙の匂いを捕まえていたからだ。

こちらが喫煙に気がついて近寄っていることも気にせず、無言で外を眺めながらタバコを燻らせていた。男は俺の方を見る。くたびれたシャツに無精髭。髪の毛も伸びっぱなしの白人男性。年齢は60代だろうか。どんな旅をしてここに辿り着いたのか。それともこの街の出身だったりするのだろうか。彼の出自を勝手に想像して眺めていると目があった。こちらを見返す顔には警戒心が迸っている。思わず、敵じゃないアピールをするため、すかさず俺もタバコを咥えた。何も言ってこない。俺もタバコに火をつける。こうして俺は屋内

先輩宿泊者の貫禄を感じた。ちなみに階段はめっちゃ急である

でタバコを吸うというアメリカでの喫煙タブーをあっさりとおかすことになった。

ニューヨークに限らず、アメリカでは公共の場や屋内では原則禁煙である。ホテルの中は当然ながら禁煙なのである。

最近の喫煙事情について調べているとアメリカの喫煙ルールが厳格であるということをまとめた記事などを目にすることがあるが、実情との乖離があるように思える。確かにルールは厳格に定められているが、それをすべての人が遵守しているようには思えない。公共の場であろうと、周囲に人がいなかったらタバコを吸っている人は見かける。

また、仮に喫煙している人を見かけたとて、喫煙者が指摘や注意されるようなことは滅多にない。警備員でもなければ率先して他者と関わろうとすることがないのは、日本と同じかもしれない。

とはいえ、決められたことを守れない側が悪いのは間違いないので、声高に実情との違いを主張する気はない。むしろ「守れなくて、すいません」である。

ちなみに後日、フロントで確認を取ったのだが、ここは実際にホームレスの収容施設としても機能しているそうで、彼らは10ドルで泊まれるそうだ。何年も住んでいる人もいるとのことで、それぐらい長く滞在している人にとっては、タバコがNGなんてルールはどうでもいいのだろう。実際、宿の人も特に気にしていなかった。

俺はアトラクション巡りを終えて部屋に戻った。夕食まで昼寝でもしようとベッドに座った。そこで当たり前のように再びタバコに火をつけた。吸ってはいけない場所での喫煙に対してわずかな罪悪感が生じた。深く吸い込んでから吐き出した。屋内に漂う煙は風に流されることもなく天井に向かって登っていくだけだった。そのまま上の方を眺めていたら、ふと天井に張られた金網に引っ掛けるようにフィルターだけになったタバコの吸い殻がいくつも置かれていることに気がついた。

先客達のものだろう。きっとそいつらも同じことを

天井に残された先住者たちの痕跡

したのだろうと容易に想像がついた。ここに置かれたフィルターが、俺と同じ風景を見た人たちが過去に何人もいたことを証明してくれているようだった。そして、それを眺めていると罪悪感は、タバコの煙と同じように徐々に消えていった。

05

マンハッタン・アンダーグラウンドの吸い殻

マンハッタン

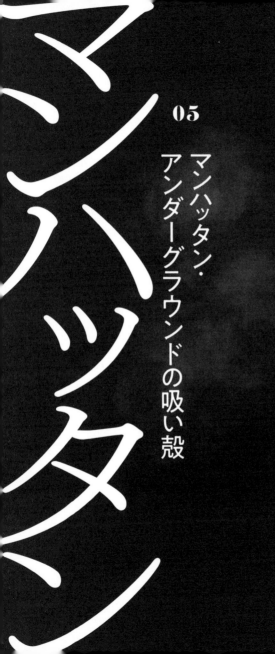

マンハッタン喫煙ルール

マンハッタンの思い出のホテルが、2023年現在では買収されており様変わりしたという話を聞いた。刻々と変化する世界の中でもニューヨーク、特にマンハッタンのその速度はトップクラスだったように思う。そこにコロナ禍が追い討ちをかけたのだから、なおさらだろう。おそらく俺が見た煙の風景が残っていないこともあるはずだ。俺の中にしか残っていない風景があるのだとあらためて思い知らされた。

海外取材の時には毎回、空港の免税店でタバコを1カートンぐらいは買っていた。税金が値引きされると思うと、つい貧乏根性が出てしまう。

とはいえある程度長く外国に滞在していればどうしても日本から持ってきたタバコも尽きる。特にニューヨークは取材だけでなく友人も多く住んでいるため、滞在期間が伸びていって数週間に及ぶこともある。手持ちのタバコがなくなったら購入すればいい。ニューヨークでタバコを買うとなったらデリ（コンビニのような個人商店）である。

日本のコンビニにあたる存在ではあるので買い物には便利である。だが、ことタバコに関して言えば日本の比じゃないほど厳しい面がある。

アメリカでは日本と違って21歳から喫煙が可能になる。年齢確認はものすごく厳格だ。レジにタバコを持って行くと、たとえ見た目には成人していたとしてもＩＤ（身分証）を確認されることは常識である。見た目年齢では東洋人は欧米人に比べて若く見えるという一般論もあるのだが、これまでに俺は一度もチェックされたことがない。ＩＤチェックぐらいされてもよさそうなものだが、俺が若い時から老けていたのか、髭坊主が珍しいのか、たまたま運が良かったのか。その辺りはわからないが、とにかくタバコの購入に際して年齢確認は厳格なのである。

さらにアメリカではタバコの値段が高い。日本だとだいたい一箱５００～６００円。アメリカの場合、高いところだと一箱10～13ドルもする。その一方で安い州というの

マンハッタンでくわえタバコ

もある。ニューヨークに近いところだとハドソン川を挟んだニュージャージー州。これは州ごとにタバコへの課税率が異なるためだ。その仕組みを利用して販売する闇タバコは、アメリカではメジャーな裏ビジネスとなっている。

裏ということで品質保証もないためパッケージはそのままで、中身が屑タバコにすり替わっているという悪質なものもあるそうだ。残念ながら、そこまでひどいものには今のところ俺はお目にかかったことはない。

誰もが闇タバコを買っているわけではなく大半の人は正規の高級品を購入している。それでもタバコを吸う人は意外に多いし路上喫煙者も多い。吸い殻については灰皿代わりのゴミ箱の蓋に置く人もいるし、吸い終わるとその辺に捨ててしまうことも珍しくない。

路上喫煙に厳しい日本から来た身であり、他国ではなるべくならポイ捨てはしたくない（当然！）。とはいえどこにでも都合よく灰皿があるわけではないので、自分で携帯用灰皿を持ち歩いている。金属製のものではなくコンビニや百均で売っているボタンで留めてポケットに入れられるやつである。海外にいく時はいつも持ち歩くことにしていた。

タイやシンガポールではポイ捨ては高額の罰金になるというのもある。幸い罰金を払ったことはないが、この持ち歩き灰皿にちなんだエピソードがある。

5~6年ぐらい前のことだ。マンハッタンの路上でタバコを吸っていた。そこはデリの前の灰皿兼ゴミ箱があるスポットだったので俺の他にも数名の喫煙者がいた。俺がタバコを吸い終わって携帯ポケット灰皿に吸い殻をねじ込む。路上でよくあることに過ぎないはずだった。ところが、横にいた男の顔が「!!」となった。

表情まで細かく描写するのが面倒なので簡潔に言うが、目がびっくりマークになったということである。知り合いでもない男が強烈に驚いたのがわかったので思わず「何?」と聞いた。

「そんなものにタバコを入れて、君は国際機関のエージェントか●●●（実在する環境保護団体）か?」

「どういう意味?」

「そんなの（灰皿）を使うのは特別なエコロジストだけだぜ」

ちょっと言い淀んでしまう。なんだよ、いきなり。

「それでお前はどうするんだ」

「こうさ！」

と言うと地面にタバコを落とすと踏み潰した。去り際に「地面が灰皿だよ」とも言っていった。

なぜだろう。俺の方が正しいはずなのにものすごい敗北感だった。

先客の残した吸い殻

本筋に戻るが、どうしても忘れられない吸い殻があるのだ。それはニューヨークの地下空間にあった吸い殻だ。

俺は大都市の地下に興味がある。これまでに幾つかの都市で地下に潜ってきた。その中でもマンハッタンの地下に伝わる都市伝説は興味深いものだった。飼育されていたワニが捨てられて下水道で独自の進化を遂げたという「白いワニ」とかが有名なのだが、もう一つのメジャー都市伝説に「もぐら人」がある。地下空間で生まれ育って社会を形成している連中のことだというのだ。

これは根拠のない噂ではなく、９１１同時多発テロが起きた２００１年までは、多くのホームレスや貧困層が地下鉄の線路沿いに暮らしていた事実が伝説のベースになっている。とはいえ、地下に別社会が構築されていたというのはやや飛躍しすぎなところでもある。そして、９１１をきっかけにしたテロ対策強化で地下空間は取り締まりの対象となり、そこに暮らす人たちのほとんどが地上へと追い出されてしまった。それから20年が経過した現在はどうなっているのだろうか。

俺は都市冒険家をしているDという男と一緒に地下空間を探索することにした。その際に「地下に住んでいる人ってまだいるの？　もぐら人っているの？」と聞くと「（もぐら人は）いないよ。住んでいた人はいたけど、ほとんどの人たちは地上へ出た。残っている人が数名いるぐらいさ」。

あっさりと希望を刈り取られてしまったが、彼は新

地下住人の居住スペースにつながる通路

たな目標を与えてくれた。

「ニューヨークの地下は何層もあるんだ。俺は誰よりも深く潜ったことがある。一緒に潜ってみないか？」

思いがけない提案に俺は飛びついた。好奇心がビンビンと反応しているのがわかる。

俺たちが向かったのは地下鉄のプラットフォーム。目の前には線路がある。

「地下ってどこから入るの？　既に地下にいるけど」

「この階層にもマンホールがあって、そこから入れるんだ」

流石に詳しい入り方は公開しないで欲しいと彼からも頼まれているので、その辺りは伏せさせてもらうが、確かに地下鉄と同じ階層にマンホールがあった。その蓋を取ると頼りない梯子があった。下は暗くて見えな

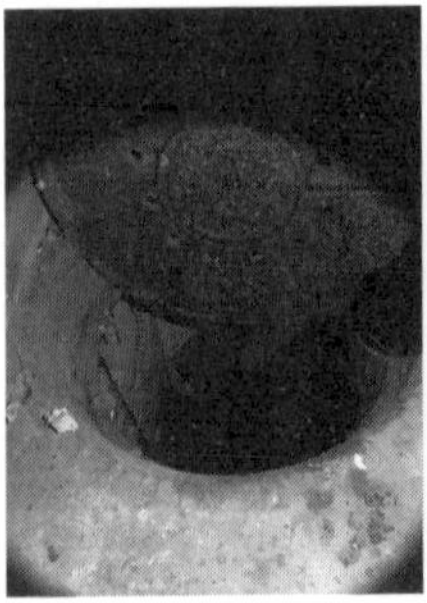

右／地下住人に案内してもらった
左／地下空間のマンホール。地下の地下へと続く

い。

梯子を伝って降りていくが、体感的には20メートル以上は降りたはずだ。下の階層に降りて目を凝らして見上げたら、ずいぶん高いところに入り口があった。

ヘッドライトと手持ちのライトで周囲を照らすが何もない。奥の方が少し明るかったのでそっちの方へと向かう。

「ここは駅だったんだよ」

「駅？」

「70年以上前に造られて完成しなかった駅さ。古い資料を図書館で突き合わせてようやくわかったことなんだけどね。駅といっても路線も通っていない。近くを通っているけど繋がっていないんだよ」

「使われていない駅があって放置されているって、そんなことある？」

「ニューヨークの地下は複雑なのさ。１００年以上、開発を続けてきたから、失敗したり放置された空間もあるのさ。だから役所もこの空間を把握していない。そんな場所がこの街の地下には無数に眠っている」

実にロマンが掻き立てられる。だが、足を踏み入れた地下鉄の駅には先人たちの痕跡、ゴミや落書きがあった。それらについてDは「僕以外にもここを狙って辿り着いた連中がいたってことさ」。

「それはもぐら人なのかい？」

「違うと思うな。ほら、あれを見てくれよ。きっと僕と同じアーバン・エクスプローラー（都市冒険家）だよ」と壁面に描かれたグラフィティを指差す。いかにも現代っぽいサインだった。そして、その壁の前には何本かの吸い殻があった。

落書きなのか、アートなのか

古ぼけた吸い殻だったが70年は経過していない。サインをした連中のものだろう。

俺は想像を巡らせる。

――この場所に辿りついたことに安堵して壁にグラフィティを残す。達成感からタバコを取り出して一服したのだろう。火をつけて大きく吸い込んでから、この空間に煙を漂わせた。それから、ここまでは勢いで降りてきたが、この後、どうやって地上に戻るのか。梯子は大丈夫か。その後の出口まで辿り着けるのか。地上には戻れるかな。そんなことを思ったのかもしれない。

ぼやっと考えていたらDが「おめでとう。ここに辿り着いたのは外国人では君が初めてかもしれないよ」と祝福してくれたのだった。俺は少し照れ臭く手持ちのモンスターエナジーを口に含んでから、タバコに火をつけた。そしてゆっくりと吸い込んで天に向かって煙を吐き出したのだった。もちろん吸い殻は携帯灰皿に入れることも忘れずに持ち帰った。

人がいた痕跡がある

マンハッタン

06

決め台詞で思い出す懺悔の煙

ラストワンの言い訳

マンハッタン北部のハーレムに暮らす友人と飲んでいる時に、「あちこち旅している時に困ったことはあるか」という話題になった。

ちょっとしたトラブルなどは職業柄ネタとしか思えず、困るどころか有難いので、この手の話題の時にはいささか戸惑う。ひとつだけ思い当たることがあるとしたら、ニューヨークに限らずだが、路地裏やスラム街にいると「タバコを恵んでくれ」と話しかけられることだ。

本来なら「あげない」と切って捨てればいい話だ。もっといいのは「タバコなんて持ってない」だろう。これなら取り付く島もない。

ところが、自分がくわえタバコの状態で声をかけられたらどうだろうか。タバコをたかろうと声をかけた奴らからすれば「絶対にタバコを持っているやつ」なので、「ミスター、1本、1本！」と、しつこく食い下がられる。こうなると拒絶するこちらの方が悪い人のように思えてくる。これが嫌なのだ。

こんな内容を友人に話したところ、アメリカ暮らし10年の男は、余裕たっぷりに言った。

「そんな時は『ソーリー、ラストワン（ごめん。最後の1本）』と言えばいいんだよ。俺のまわりではこうやって上手にかわしているかな」

この時、彼のニューヨーカーっぽいスマートな言い回しがなんかかっこいいなと思った。同時に喫煙者ならではの最後の1本に対する尊重、どんな外道でも最後の1本だけはもらえないといった万国共通のマナーのようなものとあいまって、自分でも使ってみようと思った。

最後の1本に対する尊重は、アメリカに限ったことではないのは、その後、世界各地で通用した。南米、ヨーロッパ、アフリカ、東南アジア……。唯一、使わなかったのは日本ぐらいかもしれない。というのも日本では「1本ください」とたかられるようなことはほぼ皆無だからだ。もちろんエリアによるのだろうが、俺の拠点にしているような新宿あたりでは、カツアゲ

マンハッタンを歩く

でもされない限りタバコを強奪されるようなことはない（と思いたい）。

10年ほど前のことだ。

俺が友達と一緒にマンハッタンの端っこ〝ミートパッキング〟と呼ばれるエリアの近くにあるクラブに行った。割と客の年齢層の高い大人向けのクラブだった。その分、少々値段設定もお高めの印象だった。

俺は酒を飲みながら、音楽に合わせて体を揺すっていた。最初こそビールだったが、徐々に強い酒を飲み、最後はテキーラのショットを煽っていた。そんなペースだから気合を入れて踊るような真似をしたら体力が続かない。

チェイサーの代わりに煙でも入れたくなったので、店員に喫煙エリアの場所を聞くと店内の奥の部屋だという。

扉を開けて入っていくと、その部屋は不思議な作りで屋内なのに天井がなく吹き抜けになっていた。かなり広いスペースで中庭のような感じになっていたので、そこでくつろいで話している連中も多くいた。

壁沿いに配置された椅子に腰掛けていると、一緒に来ていた友達が声をかけてきた。

「マルゴン（丸山ゴンザレスの略称で親しい人はマルゴンと呼ぶことが多い）、何してんのさ？　今、有名なＤＪが回してるんだぜ」

店内をチラッと見るとＤＪブースのまわりには人だかり。奥の方にキャップを被った大柄な男がいた。多分、あの人なんだろう。この状況では近くに行ったところで、何がどうなるわけでもあるまい。そう思うと面倒になってきた。

「いやいや、もうだいぶ飲んじゃったし、音楽に乗る余裕なんてないよ」

酒に酔ったことで眠気も増してきたが、なにせ友達と久しぶりの再会が叶ったせっかくの夜である。お互いの近況を含めてしばらくどうでもいいことを話していた。それから何度かフロアと喫煙所を行ったり来た

明け方まで盛り上がり続けるマンハッタンのクラブ

りを繰り返していた。

何度目かの壁際での喫煙タイミングで、妙なオーラを放った大きな男が近寄ってきた。知り合いではないが、見覚えはある。

すぐに「あ！」となって正体に気がついた。さっきまで回してた有名ＤＪ、その人である。若干、驚きはしたがよく考えれば当たり前である。

クラブはセキュリティが重視されているので、タバコを吸うためであっても外部に出ないことはある。そうなると、たとえ大物ゲストであっても同じ場所で喫煙することになるわけだ。

すぐ近くに大物ゲストが来ているのに喫煙所では客も一定の距離をとっている。このあたりは個人の権利を尊重する国らしいというべきか。あと、あくまで俺の見立てではあるが、タバコを吸う時間は邪魔しないという暗黙のルールがあるのかもしれない。

いずれにせよ俺も本来なら距離をとるのだが、この時ばかりはＤＪの方からなんとなく壁際に来て、たまたま俺の近くに座ったのだ。偶然の産物である。そうなると話しかけないのも無粋な気がしてきた。

「日本から来た旅行者です。あなたのプレイはナイスでしたね」

まさか見てもいないのに（正確にはチラ見だが）、口から出まかせで語りかけるとは思わなかったが、コミュニケーションはとっておくに越したことはない。

「そうかい。日本から。トーキョーに行ったことあるぜ」

「ＤＪをしに行ったのですか？」

「旅行だよ。日本のアニメが好きなんだ」

思いの外に会話が弾んだ。拙い俺の英語に付き合ってくれるぐらいの優しさはあるようだ。俺の英語力といえばフィリピン留学の際、友人の経営する語学学校で鍛えた経験があるだけで、正規の大学や専門学校に留学したわけじゃない。どうにも自信が持てないのだ。こういうコミュニケーションの積み重ねが自信に繋がっていくのかもしれない。

そんなことを思い浮かべながら不意に上を見ると、俺とＤＪの吐き出したタバコの煙が絡み合うようにして上空を漂っていた。

とまあ、ここで終われば美しい記憶に残る風景であったことだろう。上等なコミュニケーションをとることができたことに気をよくした俺は、そのまま酒を飲み続けた。気がついたら明け方目前の時間になっていた。

お前のタバコを1本くれよ!

酒を飲みすぎた俺は、足元もおぼつかなくなり頭もふらふらしていた。きっとはたから見たら見事な千鳥足の酔っ払いだったことだろう。酒は飲んでも飲まれるなとは、先人は見事なことを言ったものである。すっかり飲まれてしまった俺は「さすがに眠いから帰るわ」となった。

心配になったのだろう。友達も一緒に帰ってくれることになった。彼の家と宿のエリアが近いのは知っていた。というか、そのためにとった宿である。民泊だったので、フロントがあるわけではなく自力で鍵を開けて入らなければならない。最後の意識を手放さないようにしないといけないのだが、友達と一緒にUberに乗ったあたりで、その意識もだいぶ薄くなってし

ビール片手にご機嫌な筆者

まっていった。

車を降りた場所は友人宅のあるハーレム。友人も疲れていたのだろう。そのまま帰宅した。俺はそこから10分程度の場所にある宿を目指して歩いた。旅行者の噂やガイドブックの情報では、お世辞にも治安がいい場所ではないとされているが、普段から拠点にしているエリアであるし、ましてや酒に酔った俺には脅威がどこかにあるとも思えなかった。油断というほどでもなかったが、別段何かに警戒することもなく宿までの道を歩いた。歩いたと言っても、あっちへふらふら、こっちへふらふらの泥酔状態であった。

それでもすぐに帰ればいいのに、この辺りにある薄暗いトンネルと廃墟やゴミが置いてある場所のことを思い浮かべた。その手の場所が好きな俺はいつか行こうと思ってはいたが、今回の滞在ではその機会がなかった。それなのに「今行こう」と思ってしまったのだ。酒とクラブでの遊びが俺のマインドを変な方向に持っていったのかもしれない。

寄り道すると決めてしばらく歩いていると、胃から込み上げてくるものがあった。ここは公共の道である。流石にそれはまずいと思ったかどうか、当時の記憶は定かではない。何度か耐えようとしたものの、込み上げる衝動を止めることもできずに俺は逆流物を大量に吐き出した。道端の植え込みの中に頭を突っ込んで何度も吐いた。俺の口から出るのは胃液のまじった数時間前までは酒だったはずの妙な土色をした液体。

しばらく路上にへたり込んで、自分でも何を言ってるのかわからない言葉を大きな声で叫んでしまったが、まったくもって酔いは覚めない。

それでもトンネルに行くのだという使命感だけは残っていたようで、ふらふらしながら歩き、やがてトンネルの下にたどり着いた。

暗がりには、何人かのホームレスと思しき連中がたむろしていた。連中の座ってる場所の横に廃てられたカートが並んでいた。その配置がなんとも言えず格好良く思えた。

薄暗い高架下のゴミとか色々置いてある場所

「これだ」

そう思った俺は、連中から向けられる視線も関係なく、記念写真を撮影した。それからさらに気が大きくなっていたのもあってタバコを吸いたくなった。

クラブで散々吸っていたせいで、手持ちのタバコが切れていたが、どうしても吸いたい。タバコを吸いたい。ゲロ吐いたし、すっきりしたし、とにかく吸いたい。

そう思っていると、自然と口から言葉が出た。

「タバコ、1本くれないか？」

自分が言われることがあっても、言うことは決してないと思っていた。そして、心のどこかで今日ならば上手くいくと思い込んでいた。ジッと連中の顔を見た。

「は？　やだよ」

「え？」

「自分で買えよ」

完全に拒絶されてしまった。過去に似たような断り方をしたことがある。その時の相手はきっとこんな気持ちになったのだろう。思いのほか堪える。

こちらが絶句しているうちにホームレスたちもどこかに散っていき、俺は路上にポツンと一人状態になった。

タバコを吸いたくなったが、そもそも持っていないのでこうなったことを思い出す。思考のループが始まると止まっていても虚しいだけなので、この場所を後にして歩きながら、

「え〜〜〜そこは1本くれるか、せめて『最後の1本』って言えや！　ちくしょ〜！」

と行き場のない怒りを無駄に叫んだりしながら、すっかりと酒が抜けた状態で宿まで戻ったのであった。


「ってなことが昨日あったんだよね」

翌日になって友達に自分の失態を面白おかしく話したのだが、友達は苦々しい顔をしていた。

「あのさ、タバコとかどうこうの前にさ」

「何だよ」

「この辺りが治安悪いって言われるのは、お前みたいなのがいるからじゃないか。泥酔し

てゲロ吐いて、テンションが妙なことになって叫ぶし、ホームレスにタバコたかるし。地元の輩よりたち悪いわ」

そう言いながら爆笑する友人に流石に返す言葉がなかった。タバコに火をつけて深く吸い込んだ。ふーっと吐き出した煙には昨晩のやらかしに対して反省する気持ちを込めているのだが、そんなことが誰かに伝わるはずもない。昔の失敗ではあるが、思い出すと今でも恥ずかしくなる。

治安が悪いのは誰のせいか。昼は安全である

ニューヨーク

07 裏道に消えた煙

不意の出会い

ニューヨークを取材し始めた時、街の中でどこを歩けばいいのかわからなかった。表通りの派手な看板を眺めていればニューヨークに来ている実感はあっても、街取材として深く潜れている手応えを感じなかったからだ。

ブロードウェイの裏手に回ってタバコをふかしていると別の香りの煙が漂ってきた。休憩中のレストランスタッフたちがマリファナをふかしていた。マリファナ程度と言っては申し訳ないのだが、決して驚くようなことではなかった。裏社会の取材を生業としていることに加えて、当時はまだ違法だったとはいえアメリカでマリファナを見かけること自体なんら珍しいこととも思えなかった。むしろ、気になったのは彼らの挨拶。

「ヤーマン」と言いあっていたのだ。

俺は引き寄せられるように近づいていった。不意に現れた東洋人に対して連中が訝しがっているのが伝わってくる。こういう時には一発勝負。嫌な空気が充満しないように、

「ジャマイカでしょ?」と元気に大きな声をかけた。

狙い通り面食らった連中は「は?」と疑問符が浮かんだ顔をこちらに向けてくる。

「いま、『ヤーマン』って言ったでしょ。俺、ジャマイカにいったことあるんだ」

俺の言葉にやや空気が弛緩していく。ここから一気に畳み掛ける。

スマホに入れていたジャマイカで撮影した写真を見せようと思い、なかでもインパクトが強いであろうマリファナ畑での記念撮影を選んで差し出した。

「ワーオ」口々に感嘆の声が漏れてくる。

それから少し立ち話をすることになった。ジャマイカの連中は総じて明るく話好きだ。ちょっとしたきっかけがあればトークが展開する。あれこれ話しているうちにわかったのは、ニューヨークで働く人は裏通りを歩くし、休むし、おしゃべりをする。率先して裏通りを進むのだということだった。

それは社会的な裏という意味ではなく、街としての裏を歩くことで出会いが生まれる。そんな予感を抱かせてくれた。

プッシャーの家に行く

何度かのニューヨーク滞在で街歩きにもすっかり慣れたし在住日本人の友達もできた。

飲みに行くとか、ランチを食べるとか、そんな普通のことをする友達もいるし、なかには悪友のような奴もいる。そいつらが教えてくれる街の顔というのが俺にとってはむしろ歓迎すべき分野である。

「今夜、プッシャーの家に遊びに行くけど、一緒に行かない？」

悪友の一人からの提案だった。プッシャーとは、麻薬の売人のことである。どうやらいつも仕入れている相手で今回は使用するための1ヶ月分が切れたので買いに行くという。プッシャーについては裏社会の取材をしていれば接点を持つことはあるが、家に行くような機会は滅多にない。発展途上国で自宅的な場所で販売所を兼ねているようなところに行ったことはあるが、ニューヨークのような大都会のプッシャーとなると自宅に行く機会などさらに珍しい。

友人と待ち合わせた場所はチャイナタウンからほど近いデリだった。コンビニ代わりの個人商店のような何でも屋である。そこで何本かビールを買って手土産にするという。どの銘柄が美味しいかわからなかったので、適当に選んでレジに持っていった。ここは謝礼の一環で俺が支払いを済ませた。

在住10年で何度もそのプッシャーから購入している友人からしてみれば、それほど珍しいことでもないようで「大丈夫。今まで問題が起きたことなんてないから」と気楽なものだ。俺の方もこの街なら滅多なことは起きないだろうと特別な警戒心を抱くこともなかったので誘われるままについていく。

太めの体を支える膝にはちょっと辛い程度の距離を歩いて、チャイナタウンからだいぶ外れた場所にあったのはよくあるタウンハウス。極端に古くも新しくもない。部屋は建物の3階で、インターホン越しに友人が何やら伝えると遠隔操作で鍵が開く。設備と建物のバランスが歪だ。この手の建物にしてはセキュリティがしっかりしているあたりがプッシャーの棲家らしいとも思った。

玄関の扉が開いて出迎えてくれたのは長髪を縛ったアジア系の男だった。年齢は30代だろうか。当時の俺と同年代かやや下のように思えた。友人はなれた口調で彼と話すとすぐに俺のことを紹介してくれた。どうやら日本から来た面白いことをしている友達という紹介をしてくれたようだ。

俺は下手に警戒されても仕方ないので、日本でライターをしていてニューヨークの麻薬文化に興味があると言葉を選びながら伝えてみた。

するとプッシャーは警戒するというよりも好奇心を剝き出しにして話してくる。

「日本でこれのことをなんていうんだ?」

そう言って、作業机に置いてあったＰＣのモニターを指差す。そこにはグーグルイメージ検索で表示された大麻樹脂の画像が表示されていた。

「日本ではチョコかな」

「そうか、日本でもチョコって言うんだな。俺たちもそう呼ぶことあるぜ」

何やら試されている感じがしていい気はしないが、それでも客人として扱われるためにできることはしておきたい。その一方で、テーブルの上に散乱しているジョイントやドル札に目がいってしまう。他にも古めかしい家電、薄暗い照明、中華系のお守り、極め付けはリビングルームに置いてあるバスタブ。どれをとっても映画の中に出てくるような、アングラ商売の連中しか住まない怪しい家である。この「いかにも感」のある部屋に来れた嬉しさから俺はテンションが上がっていた。

POST CARD

料金受取人払郵便

小石川局承認

7741

差出有効期間
2025年
6月30日まで
(切手不要)

112-8790
127

東京都文京区千石4-39-17

株式会社　産業編集センター
出版部　行

★この度はご購読をありがとうございました。
お預かりした個人情報は、今後の本作りの参考にさせていただきます。
お客様の個人情報は法律で定められている場合を除き、ご本人の同意を得ず第三者に提供することはありません。また、個人情報管理の業務委託はいたしません。詳細につきましては、「個人情報問合せ窓口」(TEL：03-5395-5311〈平日 10:00 ～ 17:00〉)にお問い合わせいただくか「個人情報の取り扱いについて」(http://www.shc.co.jp/company/privacy/)をご確認ください。

※上記ご確認いただき、ご承諾いただける方は下記にご記入の上、ご送付ください。

株式会社 産業編集センター　個人情報保護管理者

氏名《ふりがな》

(男・女／　　　歳)

ご住所　〒

TEL：

E-mail：

新刊情報を DM・メールなどでご案内してもよろしいですか？	□可　□不可
ご感想を広告などに使用してもよろしいですか？	□実名で可　□匿名で可　□不可

ご購入ありがとうございました。ぜひご意見をお聞かせください。

■ お買い上げいただいた本のタイトル

ご購入日：　　　　年　　月　　日　　書店名：

■ 本書をどうやってお知りになりましたか？

□ 書店で実物を見て
□ 新聞・雑誌・ウェブサイト（媒体名　　　　　　　　　　　　　　　）
□ テレビ・ラジオ（番組名　　　　　　　　　　　　　　　　　　　　）
□ その他（　　　　　　　　　　　　　　　　　　　　　　　　　　　）

■ お買い求めの動機を教えてください（複数回答可）

□ タイトル　□ 著者　□ 帯　□ 装丁　□ テーマ　□ 内容　□ 広告・書評
□ その他（　　　　　　　　　　　　　　　　　　　　　　　　　　　）

■ 本書へのご意見・ご感想をお聞かせください

■ よくご覧になる新聞、雑誌、ウェブサイト、テレビ、
よくお聞きになるラジオなどを教えてください

■ ご興味をお持ちのテーマや人物などを教えてください

ご記入ありがとうございました。

周囲を見渡しながらもしばらくイメージ検索による問答は続いていた。そのたびに日本での呼び名を伝えていると、男は突然「お前、本当にドラッグのことを調べているんだな！　最初はアンダーカバー（潜入捜査員）かなんかかと思ったが、ただの薬中だろ！」と笑いながら言ってきた。友達の方をチラッと見ると同じように笑っていたので、どうやら男のジョークなのだと判断した。

ジョークとジンクス

そこからは持ってきたビールを差し出して乾杯、そして雑談になった。

プッシャーの家は雰囲気がある。特にバスタブがリビングにあるのはビビった

「さっきから気になってるんだけど、このバスタブはなぜここに？」

「昔からあるんだよ。ここは祖母の家だったんだ。俺がもらって住んでるのさ」

こんな感じで和やかにトークは展開していったのだが、どうしても気になることがあった。ビールは俺が持ってきたが、つまみとして男が出してきてくれたのはピーナッツだったのだ。金属製のボールに雑に入れた感じ。嫌いじゃないが気になってしまう。

部屋に染み付いたタバコの匂いには気づいていたし、使い古された灰皿があったので遠慮なくタバコを吸いながらビールを飲み、ピーナッツをかじった。

日本でプッシャーと飲んだ時も、ブラジル、南アフリカ、ヨーロッパのどっかの国とか、いろんなところのプッシャーと飲んだ時にもどうしてだか、ピーナッツをつまみにビールを飲んだような気がした。はっきり思い出せないが記憶違いではないはずだ。口の中で砕いたピーナッツをビールで流し込み、続けてタバコを吸う感覚を何度も味わってきているからだ。体に染み付いた記憶に間違いはない。

どうしてプッシャーはピーナッツとビールを好むのだろうか。せっかくなので聞いてみたが、「知らないな。俺はゆっくり長く話すのが好きだからかな。あれは、長もちするだろ」とのことでなんの参考にもならなかった。

疑問を解消できなかったが尿意を催したので「トイレ」と言ってリビングを出た。奥の部屋に近い場所にトイレがあった。ションベンは早々に済んだのだが、俺はチラッと見えた奥の部屋が気になった。男と友人が話し込んでるので、奥の部屋に入っても気が付かれることはなさそうだ。

半開きのドアからそっと入る。そこにはベッドが置いてある。寝室なのだろう。注目は壁面だった。棚になっていて箱が置いてある。中を覗くと大袋に入ったマリファナが詰まっていた。先ほども触れたが当時のニューヨーク州はマリファナ完全合法化になっていない。当然ながら違法である。しかもこの量だ。思わず箱の中に手を突っ込んだ。指先にマリファナとは違う感触が

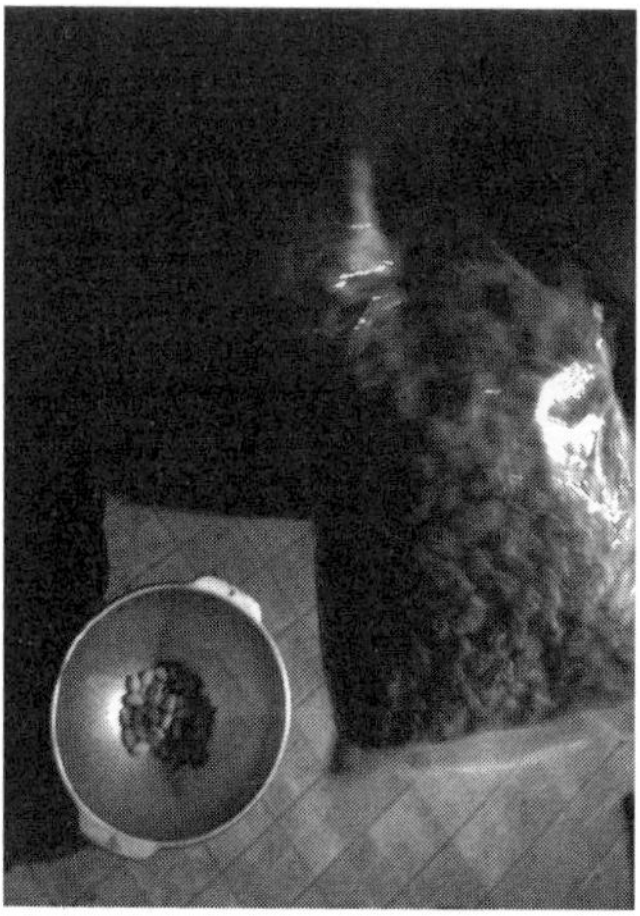
なぜかプッシャーはナッツを好む

あった。さすがに「え？」っとなったが、これは男に聞かない方がいいだろう。

そこからは、後ろめたさから俺はあまり長居するべきではないような気になっていた。リビングに戻ってからもどこかソワソワしていたかもしれない。そんな様子を察してだろうか、友達は自分の使用分を買ったら帰ろうと耳打ちしてきた。

友達と男が通常のやり取りで金とブツの受け渡しをすると、今度は俺の方に話しかけてきた。一瞬、さっきのことがバレたのかとも思ったが、そんなことはなく意外な提案をされただけだった。

「タバコの箱を交換しよう」

「なんだって？」

「ジンクスがあってね。俺は外国の客が来ると箱を交換することにしているんだ。中身じゃないぞ。箱だけだ」

正直、何を言ってるのか意味がわからなかったが、損もないので受け入れることにした。

「俺のはアメスピだけどいいかい？」

「いいぜ。箱の裏に日本語とか書いてるだろ。それがいいんだ」

おそらく成分表示などの部分を指しているのだろう。俺は自分のタバコを抜き取って空箱を手渡した。男は同じくよくわからない外国タバコの箱を差し出してくるので受け取る。もしかしたら、この男のものじゃなく、誰かのものかもしれない。どうでもいいし、わかるはずもないのだが。

表通りと裏通り

空箱にタバコを詰めて部屋を出た。来た時と同じくゆっくりと駅に向かって歩き出した。俺にとってはこれで取材は終了。ミッションコンプリートである。

一方の友人は、1ヶ月分のマリファナを買ったことで、多少の警戒心があったのだろう。

「表から行こう」と裏通りを避けて帰ろう

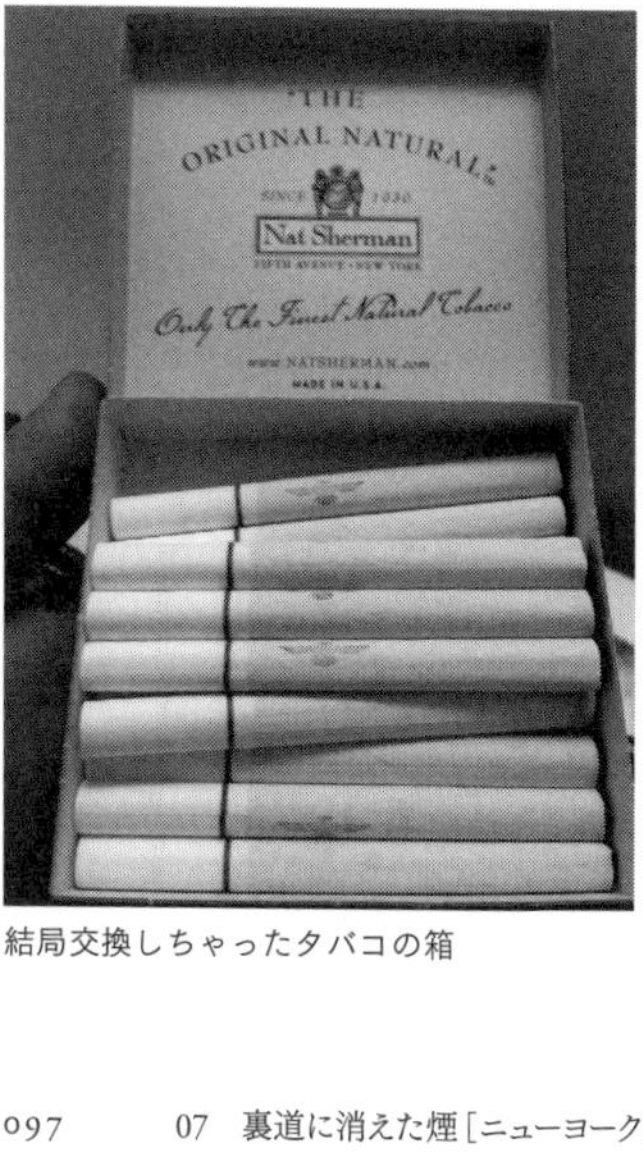

結局交換しちゃったタバコの箱

とした。後ろめたさを隠すためにあえて堂々と表通りを歩きたいという気持ちはわかる。

既に夜中になっていたので人通りや交通量はさほどでもない。アメリカに来て当たり前になった習慣のひとつが信号を守らなくなったことだ。車が多い時はもちろん遵守するが、交通量が少ないときは当然のように無視して渡る。これは俺に限ったことではなく、アメリカ人であれば当然の動きである。

この時も、交通量が少なかったので気にすることもなく車通りのない大通りで赤信号を渡り出した。その瞬間だった。

「ストップ！」

不意打ちを食らったことで、びっくりして振り返ると先ほどまで視界にも入っていなかった制服警察官が立っていた。

どこかに隠れていたのだろうか。

まずい！　逮捕？　拘束？　強制送還？　入国不可？　いろんな言葉が一瞬で頭を巡る。

（いや、所持しているのは友達だし、俺は関係ない。だが、見捨てていけるか？　どうする、俺？）

妙に動揺している我々に対して警察官が言った。

「赤信号だ。信号を守れ」

「あ、おお、わかりました」

思わず素直に返事をした。

友達と歩道まで大人しく戻った。そこで「そういうことね」と事情を飲み込み納得していたのだった。

それからは警察に追求されることもなかったが、できるだけ自然に歩いて横断歩道を渡ったところですぐに裏道へと入って物陰で歩みを止める。

「ビビったね」

そう言い残した友人とはそこで別れることにした。

「またな」と言ってから、その場でタバコを出した。先ほどの謎の外国タバコの箱から1本取り出して、ゆっくりと吸った。燻らせるように煙を纏いながら、やっぱりニューヨークは裏道を歩いた方がいい、そう思った。俺は不思議と心地良い風に吹かれて体から離れた煙が流れて消えていくのを眺めていた。

08

夏空を見上げて、ただ煙を見送った

カリフォルニア

気が重くなる旅の準備

「だからどうした?」

自分で突っ込みたくなることがある。別にやさぐれているわけではない。2022年に入って久しぶりにアメリカを旅した。今回はそれだけの話なのだが、正直言ってしまえば時期が悪かった。世界的なインフレと円安。このタイミングでアメリカに行くのは金銭面でのハードルが一気に高まるのは誰にでもわかることだろう。

それでも取材したくなるテーマがあった。

アメリカ、カリフォルニアのマリファナビジネスの最前線である。

2016年の住民投票でマリファナが合法化され、嗜好品として販売できるようになったカリフォルニア州。拡大するマリファナビジネスは「グリーンラッシュ」と呼ばれ新しい市場となって一気に拡大していった。当時取材をしていた俺は一種のバブルのような印象を受けた。同じような空気をこの夏にマリファナの合法化に舵をとったタイを取材したときにも感じた（その後、急激な規制をしたことはタイ政府らしくもあるが）。そこで気になったのは業界内の勝ち負けだった。

スピードの早いタイのマリファナビジネスでは、序盤から勝ち負けが生まれていた。それならばカリフォルニアでも数年が経過したことで、誰もが儲けられることもなく残酷なほどに勝ち負けのコントラストが生まれたのではないかと思ったのだ。

取材の目的としては悪くない。１週間もあれば十分なはずである。私は日本からホテルとレンタカーを予約するべくブッキングサイトとＨｅｒｔｚ（レンタカーの大手）のサイトにアクセスした。

ここで早速つまずいた。

まず、宿代が高い。肌感覚だがコロナ前は１００ドル程度でそれなりの宿が見つかった。今はまともなところを選べば１泊２００ドルは簡単に超える。ここに駐車場代が加わるのだ。１泊３００ドルに余裕で届いた。

レンタカーはもしものことを考えて保険などにも加入し、カーナビもオプションでつけた（このカーナビは動かず、レンタル中はスマホで代用するハメになった）。これだけで10万円ぐらいにはなった。宿代を加えると合計で20〜25万円ほどの出費である。そこに諸々の経費を加わることを考えると、もうＬＡＸ（ロサンゼルス国際空港）に着いた時点から気が重かった。取材よりも予算のやりくりの方が遥かに難易度が高いのではないかと思ってしまっていたからだ。

久しぶりのアメリカの衝撃

空港からレンタカーで出発するまでは、特別に面倒な手続きらしいこともなく、オンラインでチェックインを済ませる程度で、自分の申し込んだ車両のクラスが停めてある広い駐車スペースから勝手に選ぶだけ。ここで自分で選んだ車のカーナビが動かないなんてビタイチ思っていなかったが。俺はトヨタのカムリ（ＣＡＭＲＹ）にした。

滞在中の愛車（レンタカー）

初日は友達と合流して一緒に朝食を食べることにしていた。ところがだ、早速の洗礼を受けた。

「お会計、（二人で）120ドルです」

町外れのメキシカン食堂でドリンクとタコスを食っただけである。これは店員に言われたわけではなく、俺の脳内で再生されたチップを足した値段だ。高級店でもない庶民的なところでこれである。「もう無理！」と思って、そこからはなるべくチップの発生しない店を中心に食事をすることにした。

予算に苦しめられる一方で、結果的に良かったこともある。それはレンタカーである。2回ほどUberを利用したのだが、20〜30分の乗車で70ドルほどの請求になった。時間帯もあるのだが、これぐらいは普通だと運転手に言われた。しかも「ロスを動くならレンタカーが良いよ」とアドバイスされた。マリファナ関連の取材先はかなり広範囲に位置しているので、レンタカーでなかったら破綻していたことだろう。

車がなかったらどうしようもない取材だったと同時に、車があったから色々とみて回れた。特にスキッドロウ（セントラルシティ・イースト。ロサンゼルス市中心部にある犯罪多発地帯）のような過去に取材した場所を再訪するには便利だった。

ちなみにロスで待ち合わせたり、移動するときには「だいたい30分」と目安を言われることが多い。広く大きな街だが、車で移動するとおおよそ30分から1時間以内でたどり着くことができる。もちろんラッシュアワーを除いてのことだが。

どうしてスキッドロウを訪れたのかといえば、タバコが高すぎて闇タバコを探し買いに行こうと思ったからだ。日本から持ってきた手持ちのタバコは徐々に減ってくる。このままでは無くなってしまうという危機感から備えておこうと思い始めていた。もちろん取材のネタとしても考えていた。

ただ、実際問題、タバコは高過ぎた。コリアンタウンにあるごく普通のタバコ屋でアメスピを買ったら14ドルだった。約2000円である。高過ぎるという次元ではない。

取材で訪れるマリファナのディスペンサリーで販売しているジョイント1本が12ドルだった。カリフォルニアの人には当たり前かもしれないが、日本人からしたら販売価格がマ

カリフォルニアの日差しは強い

リファナよりも高いということが驚きでしかない。

そんなわけで以前に耳にした噂を頼りにスキッドロウに来たというわけだ。もちろんラッシュアワーを避けたので約30分程度で到着した。程よいドライブだった。

スキッドロウは、ロスのダウンタウンにある区画で薬物中毒者の巣窟として知られている。俺はこれまでに何度か取材やプライベートでも訪れている。なんとなくだが、露店的なところで話をすれば買えるのではないかと軽く考えていた。

ところが、以前は出ていた露店のようなものもなく、なんならテントから出て彷徨っている人も心なしか少ないような気がした。コロナ禍の影響だろうか、もしくはタイミングだろうか。

いずれにしても、ここに留まる理由もなくなった。

俺は手持ちのタバコの本数を少し気にしながら、路駐した車の横で1本だけ吸って街を眺めた。

空振りをしてしまったものの、この場所がドラッグ以外の違法商品や裏っぽいものを扱うのは俺の勝手なイメージなどではない。泥棒市場的な盗品や拾った物を販売する露店もあるし、店舗をきちんと構えているようなところであるのは、以前の取材でも確認していた。そして、今回のマリファナ取材でも面白いことを聞いていた。

闇でマリファナを扱っているバイヤーをインタビューしたところ「ダウンタウンの方で大手のパッケージだけを売ってる店がある」と教えてもらったのだ。

マリファナが合法化されたことで生産から販売まで政府の厳しい管理の目が光ることになったのだが、そこを掻い潜って生産したり横流しされたマリファナをあたかも正規品のようにパッケージして売るために、有名ブランドの販売用のパッケージが闇で流通しているというのだ。

それもこの場所で買えるということだったので、ぜひ確かめてみたかったのだ。

こちらも闇タバコ同様に探して回ったが、どうもうまくいかない。

長く取材をしていると噛み合わない時というのは必ずある。そういう時はどうやって乗り切るのか。

尊敬するノンフィクション作家の高野秀行さんは「とりあえず寝る」と言っていた。俺もこの言葉を信じている。事態が好転することはないかもしれないが悪くなることもない。明日の自分に頑張ってもらうことにした。決断した俺はまた約30分かけて宿に戻ることにした。

売春婦の謎の衣装

タバコを探すためだけにロスに来たわけではない。むしろ本命のマリファナ取材をすることが重要だ。そのことに気づいた俺は逸脱することもなく、どうにかアポを入れていた分は取材を終えることができた。結果、順調に済んだことで予備日が1日余ったのに手持ちのタバコはさらに減っていた。

取材が済んでみれば特にすることも無く、

マリファナファーム取材でお世話になった皆さん

ドライブに出ることにした。俺は昔から貧乏性である。海外で時間を持て余したからとホテルの部屋で過ごすのは愚の骨頂であると思っていたからだ。

グーグルマップで行き先になりそうな場所を探した。なんとなくショッピングモールやスーパーマーケットで検索すると何軒かヒットした。できれば30分以上かかるような場所がいい。のんびり走りたかったからだ。

南の方にあるマーケットが気になった。場所は行ったことあるような、ないような、そんな場所だった。

日本とは反対車線でハンドルも逆。何度か逆走したり、ウィンカーじゃなくワイパーを動かすような失敗はしたが、カムリは数日の運転でだいぶ馴染んだ気がした。そうなると不思議なもので日本での運転を失敗しないか妙な心配をするようになった。何年も運転してきた日本の習慣がわずか1週間程度の左ハンドルに上書きされそうな気がしていた。

そんなことをあれこれ頭の中で巡らしながら走っていると、背の低い建物がどこまでも続いて、広い道路に沿って椰子の木が生えている。どこまでも高い空がカリフォルニアを走っているのだという気にさせてくれる。無性にタバコが吸いたくなった。路駐をしてタバコを吸うのか、目的地に広めの駐車場でもあればそこで一服か。

信号待ちで助手席に置いたバッグの中にあるタバコの箱を確かめた。残り1本。ここで吸ってしまうと、14ドルで1箱。明日には空港に向かう。日本に帰ればもっと安く買える。だからといって我慢するのは嫌いだ。きっと、もう一箱買うだろう。ここで消費するにしても、ムダ打ちはしたくない。どうせなら区切りの良いタイミングで吸いたい。

最後の1本を前にした喫煙者特有の往生際の悪さがループしているうちに目的のショッピングモールについた。ここをそう呼ぶのは遠慮してしまうほどに古臭いフォントで描かれた「SUPER MALL」。これがアメリカっぽくてたまらなくツボに入った。俺の場合、古かったり、ボロくて不便なところにアメリカ的な魅力を見出すところがある。きっと10代で出会った

SUPERMALLの風情ある外観

雑なアメリカ文化への半端な理解から派生しているのだろう。

店の名前を眺めた。一服前に、せっかくなら喉を湿らせてベストな状態にしたい。ちょうど飲み物がなかったのでこの店を散策して水でも買ってからタバコを吸うのがいいだろうと、なんとなくの目的が決まった。

モールに入る時にボディチェックをされた。警備員の手慣れすぎた動きにあまり本気でやっていないのはわかるが、手つきが銃の所持の有無をみているのがわかる。ここはアメリカなのだと思わされた。

店内は広いワンフロアで市場のように販売スペースが並んでいるだけだった。どこかに水が売ってる店はないかと思うが、スニーカー、アパレル系がほとんどだ。適当な店で「水を買いたい」と言うと、「もっと奥に行け」とのことだった。

ゆっくりと何が売ってるか見て回りながら歩くと奇妙なものがあった。水着ではない。マネキンが水着の上に羽織っているネットのような衣類。こんなものは見たことがない？

いや、どこかで見た記憶がある。

記憶の底をさらっていると奥底に引っ掛かるものがあった。ロスの路上にいた売春婦たちが着ていた。ド派手な衣装すぎて客が引いてしまうのではないかと思ったのだが、どうやらその一帯は売春婦ならではの衣装を着ていることで車から見つけてもらうらしかった。数年前の取材で遭遇したのだが、その時にはいったいどこでこんな水着なのかネットなのかわからない衣類をゲットするのだと思っていた。

「ここで売ってるんだ」

どうでもいいことで気づきを得ただけなのに、なんだか霧が晴れたような気持ちになったところで、ちょうど水を売っている店も見つけた。ペットボトルを1本買って店外に出た。1ドルだった。別の店だと2ドルのこともあるので妙に嬉しい。

警備員に会釈をして、カムリの前まで来てボトルの蓋をあけた。水で口を湿らせてからタバコに火をつけた。最後の1本である。大事に育てて吸いきりたい。小さく、それから大きく吸い込んで火種を大きく強く

派手な衣装

していく。唇に残った水滴がフィルターに染み込むのを感じながら、さらに吸い込んでからようやく一気に煙を吐き出す。この瞬間、脳裏に浮かんだのが、売春婦の衣装が売っていたからといって「だからどうした」である。自分に突っ込まざるを得なかった。吐き出した煙は夕日に傾きかけた夏空に溶けるようにのぼっていった。

2 吸い方がわからないインドのタバコ

タバコを買う金がない、日本から持ち込んだタバコも底をついた。仕方ないので、物々交換で溜まったインドタバコ「ビディ」を吸うことにした。ビディは葉を筒状に巻いたタバコである。パッケージがクラッカーみたいで可愛い。当時の値段は覚えていないが、はっきり言って安かった。1本1ルピーしなかったかもしれない。

そんなビディを吸おうとしたが、これがうまく吸えない。単なる丸めた葉っぱなのである。火はつかないし、どうやって吸えばいいのかわからない。どうにか吸うことはできても、うまく煙が吐き出せない。作法が分からなかった。

旅仲間にでも聞けばいいのだが、妙なプライドが邪魔をして質問できない。若いということもあり、旅経験が相手より少ないことを認めるのが嫌だったのだ。本当に青臭くてしんどい奴だったのだ。

そんな俺が宿の前の道に腰掛けてイライラしながら火をつけては吸えないを繰り返していたのは、他にすることもなかったからだろう。目的地も決めず、いつ出発するかも決めていない。それぐらい自由な時間の多い旅、今では贅沢なことだと思う。

さて、苦戦する俺に吸い方を教えてくれたのは、周辺にたむろしていたインド人である。

インドには、何をしているのかわからない連中がいっぱいいるのだ。宿の前はもちろん、駅、店の前などとにかく路上に一日中いる。たまに何かあるとすぐに集まってくる。

そんな連中の一人が

俺に声をかけ、ごく自然な流れでビディを摑んで、火をつけた。手持ちのマッチを使い流れるような動きだった。周辺の風を遮るように手の平で炎を包むと、指に挟んだビディに器用に点火したのだった。

そして、挟んだ指の間から周囲の空気を吸うようにして吸ってから、見事な煙を吐き出したのだ。煙の量は自分が吐き出すのに比べて圧倒的に多かった。

すごいと思った。自分ができないことを上手にやられたのだから、そこは賞賛したいのだが、思わず言ってしまった。

「それ、俺のだけど」

これに「ごめん」とか、「へへ」とか愛想笑いでも浮かべてくれればいいのに、この男は「金をくれ。あともう一本くれ」と言ってきた。悪気はないのはわかるのだが、ちょっとうざかった……

③につづく

09

世界の果てで眺めた煙

ケニア

ビクトリア湖ほとりの小さな漁村

ケニア、ウガンダ、タンザニアにまたがるビクトリア湖。アフリカ最大の湖には大小多くの島がある。テレビ番組の企画でケニアを訪れたついでにどうしても行ってみたかった場所のひとつ、ミギンゴ島を訪れた時のことだ。

ミギンゴ島に渡る前日の夜に立ち寄った小さな街でのこと。深夜で行くところもないので食事を済ませるとホテルの部屋にこもった。外に出るのも危ないかなと思いベランダに出てタバコを吸った。暗く街灯もない街で、周囲からは怒号や叫び声が聞こえていたが、特に気にすることもない。直前には世界最大級のスラム街とされるキベラに滞在していたので、この手の空気にはだいぶ慣れていた。

翌朝、早くからの移動で舗装もされていない土の道を進む。未舗装の道がずっと続くこと、土の色が赤いこと。どうでもいいかもしれないが、そういったことで自分がアフリカにいるのだと実感できた。

昼前に目的の港に到着した。港といっても小さな漁村である。

水辺には5～6人が乗員の限界と思しき小さなボートが並んでいた。この小さな船で沖に出て漁をするのだという。手漕ぎのボートもあったが、モーターを搭載したものもある。

事前の調べでは、ビクトリア湖は海抜1000メートル以上の高地にあるため天候が変わりやすく1年間で5000人が亡くなることもあるそうだ。ほとんどが船の沈没によるものだという。この情報に触れた時に「嘘でしょ?」と思っていたのだが、出発の準備で船内に溜まった水をかき出していたのを見ていると、あながち誇張でもないような気がしてきた。

湖の巨大さに対して船の脆弱さは死亡事故の多さに説得力を持たせてくれているようだった。

命がけのボートでの一服

本土からミギンゴ島までは2時間ほどかかる。実は、この島の位置が非常に厄介な状況にあった。俺たちはケニア側から入ったが、隣接するウガンダも領有権を

命を預けるには不安しかないボート

主張しているのだ。念の為、ウガンダ政府にも入島の許可は取っていた。だが、担当者から気になることを言付かっていた。

「島では常駐する警察の判断に従ってください」

政府の発行する紙（パーミッション）よりも、現場判断が優先される。そんなことがまかり通るのがアフリカなのだ。土の色や路面状況なんかでアフリカを感じている場合ではなかった。

島影も見えない海原を進む。しばらくぼんやりとしていたら足元が冷たい。冷えてきたのかと思うとくるぶしぐらいまで水が溜まっていた。もしかして出発した時に掻き出していた水は雨とかで溜まったものではなく単なる浸水なのか？　疑問より先に船頭からペットボトルの底の部分（上部をカットした円筒状のもの）を放り投げられた。何を言ってるかわからなかったが、身振り手振りを総合すると水を掻き出せということのようだ。

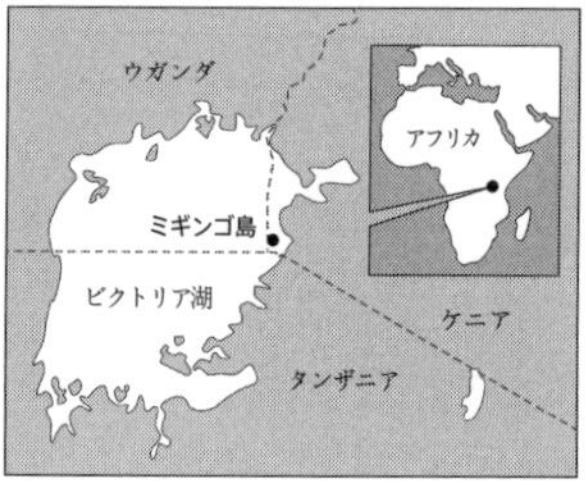

それから数分間、溜まった水を必死で掻き出した。船頭も慣れた様子。一仕事終えると一服したくなるところだが、この頼りない船でタバコなどありえない。船で火気厳禁のル

ールは、さすがに俺でもわかる。

ところがくわえタバコをしている人物がいた。他ならぬ船頭である。

「いいの？」と思わず問うと「問題ない」と返された。それからは俺もタバコを燻らせ、そして船底に水が溜まると率先して掻き出した。

島での拘束時間

サッカーコートの四分の一ほどのサイズの島は、へばりつくようにトタンで作られた小屋が密集している。「地球外の風景」「宇宙のどこかの星の風景」と言われても信じてしまう。

上陸した俺たちを待っていたのは、そんな場所に似つかわしくない人間関係、国家間のいざこざだった。

双方が領有権を主張していることは許可を両国に求める程度には承知していたので、取材を始める前、最

小屋が密集するミギンゴ島

初にケニア警察へ挨拶に行った。特に問題もなく、むしろ歓迎された。彼らが同行してウガンダ警察へと赴く。

ここまでは順調だったのに、一気に雲行きが怪しくなる。俺に相対するのはウガンダの警察署長。目つきがギョロッとした迫力のある男だった。必要書類を提出したが「俺は認めねえ」と取材拒否された。それから、その場で強制的に取り調べが開始された。

ここで緊張感のあるやりとりを続けたところ、

「明日の朝まで小屋（留置所的な意味）に滞在を認める。外（トイレとか）に出るときはウガンダ警察が監視をする。撮影や取材は認めない」

めっちゃ強い口調で断言された。事実上の拘束である。これはまずいことになったとチラッとケニア警察の方を見ると「無理」とばかりに首を振る。どうにもできないようだ。

もはや諦めるしかないのか。

意気消沈した男だけで拘束用の小屋にいた。俺たちのチームには同行していたディレクターとベテランの通訳Iさんがいた。彼らと話しても愚痴しか出ないし、別に大人しく待っていてやる必要もないだろうと、開き直った俺はすぐにウガンダ警察と交渉して「アレが欲しい。コレが欲しい」と要求を突きつけてみた。

モンスター拘束者になってやろうと思ったのだ。

彼らはすぐに話に乗ってきた。無茶な要求をしたのではない。むしろ彼らに賄賂を渡すタイミングだ。俺が買い物をする際に彼らにも何かしら買ってやることで便宜を図る。撮影はダメでも取材にはなりうる。

警察から小屋に移動する時の会話で、あちらから「島には飲み屋がある」とかあれこれアピールしてきたので、俺はその辺りを察していたのだ。

"美味しそうに吸いますね"

俺は島内の施設を巡りながらひっそりと取材をする。俺に張り付いた若い警官も大胆に要求してくるようになり、飲み物が欲しいとかあれこれ言われる。

夕飯時になって小屋の前で料理をする女性たちの姿が見られた。そんな様子を見ていて、ふと「タバコが欲しい」と思った。

「タバコは売ってるか？」

お付きの警官に聞くと「もちろん」とのこと。売店まで行くと、通訳のIさんがいた。

「どうしたんですか?」

「いや、コレをね」

そう言って売店で買ったタバコを見せてくれた。

「止めていたんですけどね」

「ここまで吸ってませんでしたよね?」

「そうなんですが、船でゴンザレスさんが美味しそうに吸ってるのを見てね。他にすることもないですし、島にいる間だけでもと思いまして」

Iさんは器用にマッチでタバコに火をつけた。そして煙を大きく吸い込んだ。

俺はIさんから1本もらって吸った。決して美味しいタバコじゃなかった。ニコチンも重くきつい。普段はメンソールのスッキリ味を好む俺には合わない。それでも、この島で起きた出来事にくらべればどうということもない。

島のメインストリート

「やっぱり美味しそうに吸いますね」

Iさんは微笑みながら言った。

それから、「明日はどうなりますかね」と他愛のない雑談をした。

〝日本人はフィルターを再利用するのか?〟

しばらくしてIさんが先に小屋に戻った。俺はお付きの警官がちょっと離れたところに控えているのを確認してから、お礼代わりにビールでも奢ろうと思った。警官が飲み物を買ってきてくれるという。

俺はしばらくここで景色でも見ているからと、島の縁に腰掛けていた。

見渡す限り水面。視界情報から孤立した場所にしか感じられない島。

この世の果てだと思った。

ここから日本に帰れるのだろうかと思うほどだった。あまりに別世界すぎたのだ。

そこにドリンクを持った警官が戻ってきた。俺は自前のメンソールタバコを携帯灰皿に入れて火を消した。すると、警官が不思議そうな顔をして言った。

「日本人はフィルターを再利用するのか？　さっきからずっとそのケースに戻しているよな」

「はい？」

情けない声が出た。理解ができなかったからだ。ちょっと落ち着いて考えるとすぐにわかったが、そこから妙に納得できた。灰皿どころかその辺にポイ捨てしている彼らから見たら、携帯灰皿の存在意義など皆無。俺の行動はフィルターを大事そうに持ち帰っているように見えていたのだ。

ニューヨークで環境保護団体かと思われた出来事と似たようなものだ。

島から見たビクトリア湖

この島での滞在は俺にとって忘れ得ぬ衝撃となった。結果的には取材はなんとかなったのだが、それはまた別のお話である。

10 坂の上の白い粉

オリビア

煙を吸うのが苦しかった場所

思い出すだけで苦しくなる煙の記憶がある。不意に蘇っては決して忘れることのない記憶である。その舞台となったのは、ボリビアの事実上の首都ラパス（憲法上の首都はスクレ）にあるエル・アルト国際空港。

訪れたのは2018年。取材目的はコカインだった。というのもコロンビア、ペルー、ボリビアは南米の三大コカイン生産拠点として挙げられるからだ。どうやって生産しているのかを紹介すると、まずコカインの原材料となるのがコカの葉。これを精製してコカインにするのだ。精製前のコカの葉については先住民の伝統的な嗜好品となっているため、全面的な栽培禁止などには各国踏み切れずにいた。それでも諸外国からの圧力もあってコカインの取り締まりが強化されているコロンビアとペルーに対して、ボリビアは違っていた。エボ・モラレス大統領（当時）が、コカの栽培を拡

ラパスにあった、カーニバルの衣装を着た像

大する法案に署名したのだ。

モラレス大統領は、先住民出身で支持母体も先住民ということで人気取りとは言われたが、実際に生産量は増加していた。世界的に問題視される麻薬。その原料が増産されている国がある。この状況に興味を抱くなという方が無理だろう。そんなことがあって20時間近くの移動を経てボリビアに向かったのが、先ほどのエル・アルト国際空港だったのだ。

取材で日本国内だけでなく海外も飛びまわり、一年の半分以上は旅暮らしの身としては、移動時間がどんなに長くてもある程度は慣れがある。体力的にも問題ないし、そもそも南米エリアに行くことにテンションは高まっていた。問題だったの

は、空港の立地である。ここは標高4000メートルの高地だ。

富士山が標高3776メートルといえば、どれほどの高さかわかるだろう。そんな空港に降り立ってやや息苦しさを感じた。イミグレを通過するあたりまでは違和感程度だった。徐々に呼吸がおかしくなってきた。

喫煙者ならわかるだろうが、空港を出たタイミングで吸うタバコほど体に染みるものはない。この体調の変化に違和感はあったものの喫煙の習慣が抜けるわけではないので、アライバル（到着）ゲートを抜けると真っ直ぐ喫煙スペースに向かった。

空港の場合、明確に喫煙所が設置されていない場合は、「なんとなく」探すのである。タクシー運転手が吸っている場所ならば間違いなく注意されることはない。あとは、ルール違反で色々と言われそうだが、吸い殻が捨てられている物陰あたりで吸えばいいと思っ

高山病真っ只中。白黒でわかりにくいが顔面蒼白

ている。

この時もそんな場所でくわえタバコを決め込んだ。

だが何かがおかしい。

鼻と口から吸い込める空気の量が少ないのだ。それでもニコチンの誘惑には勝てない。火をつけて一気に吸い込む。何度も吸い込む。それなのに空気がいつものように吸えないのだ。「あれ？　俺、どうにかなってしまったのか？」との戸惑いが顔に出ていたのだろう。空港で合流していた通訳のTさんが思いもよらないことを指摘する。

「丸山さん、顔が白いです。青じゃなくて白です」

「!?」

体調の悪さというか、思うように空気が吸えない苦しさは自覚していたが、そこまで変化があるなんて。いったいこれは何かあったのかと思うが、冷静になってみればすぐに原因に思い至った。高山病である。

旅仲間から聞かされたエル・アルト国際空港の話を思い出したのだ。

陸路で動くバックパッカーたちは、あえて何日かかけて下の方の街からラパスに上がってくるので、高山病にはかかりにくくなる。一方、飛行機で移動した場合、ここに降り立つと一気に富士山より高い場所に行くことになる。そのため体が順応できておらず、高山病になりやすいというものだった。

　そもそも高山病とは、気圧が下がる高地では空気が薄くなり、その環境に体が順応できずにさまざまな症状が現れるものである。

　空気が足りないところにタバコの煙を入れ込んだ俺の状態など、今さら説明することもないが、ほぼ溺れた状態なのである。顔も青を通り越して白くなるというものだ。


　タバコの火が残ったまま、俺はゆっくりと深呼吸をした。それしかできなかった。

　とにかく酸素が欲しかった。

　指の間でチリチリと燃えていく。本来ならこんなタバコの持ち方はしないはずだ。酒の一滴と同じぐらいタバコの吸い口を大事にしたからだ。特に海外では空港の免税店で買ってきたタバコを帰国するまで無駄にしたくなかった。この時もアメリカンスピリッツを1カートン持参していた。

貴重な1本が燃え尽きる頃、俺はようやく動けるようになった。

その様子を見た通訳Tさんは「行きましょう」と出発を促したのだった。移動車に乗り込む。まずはホテルへと向かう。その途中は中心部に向けた急勾配。高度も徐々に下がってきたことで気持ち呼吸も落ち着いていきた。窓ガラスに張り付くようにして外を見ていると、空港までの上り道を自転車で走ったり、ランニングしている地元民を見かけた。そのたびに思うように動かない自分への苛立ちをぶつけるかのように、失礼ながら「どういう心肺能力なのか」をもっと酷い言葉に変換した悪態に近いことを言いまくった。そうやって口から空気を出すたびに、俺の顔色は白くなっていった。

坂の上の白い粉

コカインの取材に来たのだから苦しいとば

ボリビアの伝統的嗜好品コカの葉

かりは言っていられない。

ボリビアではコカから精製されたコカインの安さは極まっている。1グラムで1〜5ドルぐらい。混ぜ物の入っていないピュアなコカインである。

ボリビアの裏社会でコカインを大きく扱っている売人に聞いたのに細かい値段ははっきりしなかった。商売ものの値段がわからないという事態に納得できずに追求すると、

「俺たちの扱う単位はキロだから、グラムでの値段なんてわからない」

とのことだった。思わず納得である。確かに彼らは大口の取引しかない。それならば、街で販売しているプッシャーの方に聞いてみるしかない。

そのことを取材に協力してくれていた地元の元ギャングに伝えると、ちょうどコカインを買いに行こうとしている初老の男を紹介された。申し訳ないが小汚い雰囲気でそれほど裕福な暮らしをしていないことがうかがえた。

そんな男に同行を申し出ると、条件が突きつけられた。それは俺が一人で行くことだった。カメラは自前のスマホだけ。他の人間はいない。俺はこんな取材をずっとしてきたので、正直なところなんとも思っていなかった。むしろ二つ返事で「いいよ」と言ったぐら

いだ。

驚いていたのは通訳のTさん。

「マジで行かれるんですか？　一人で売人のところってやばくないですか？」

俺には何の懸念かわからなかった。危険とされる場所に飛び込むから、そこで見た現実に価値が出る。俺のように動くことでしか生み出すきっかけを摑むことのできない物書きにとって、どんなにリスクがあろうとも躊躇なく踏み込むことしかない。

「行くよ。当然でしょ」

言い残したのはそれだけだった。俺にだってリスクがあることはわかっている。それでも立ち止まることなどできない。

初老の男についてラパスの街をのぼりはじめた。躊躇なく返事をするまでは、我ながら決断力がある。実は一人で坂道を歩くたびに後悔が押し寄せていた。

それはリスクの高さではない。呼吸である。

苦しいのだ。

普通の坂道ではない。富士山よりも高い場所である。そこを一歩一歩進むのだから、登山をしているようなものである。

それなのに慣れた様子で初老の男はスタスタと登っていく。

別に誰かに頼まれたわけでもない。自分が好きでここまできた。自分がもう嫌だと言えばそこまでである。いつだってやめることができる。

だからこそ、自分からギブアップなんてしたくない。だけど、いつまで登り続けるのだろう。この男は地元だから慣れているのか、それとも俺の体力がないだけなのか。

酸素が足りないせいだろうか、思考がぐるぐると巡っている。

もうダメだ。このままではどうにもならない。だが、俺の語彙と男の英語力では意思の

筆者を苦しめたきつい坂道だが、写真では勾配が伝わらない

疎通などできようはずもない。どうにかいい方法はないものか。

不意に遠くを見るとラパスの街は坂にへばりつくように灯りだけが並んでいた。暗くて建物自体が見えないため家の灯りが浮かび上がっているのだろう。

関係ないところに思考が動き出した。もはやこれまで。これから売人の家に行こうかというので主導権を譲りたくはない。心肺機能が限界を越す前に休息をするべきだと判断した。


「ウェイト・ア・ミニッツ、プリーズ（少し待ってください）」


ここはスペイン語がベターなのだろうが、悲しいかな話せるほどの語彙がない。初老の男にも伝わりやすいようになるべくゆっくりと発音した。それなのに男は「は？」という表情を浮かべるばかり。

こんな簡単な英語すらわかってもらえないのか。やはりスペイン語でないとダメなのだ。だが、俺の中にあるのはセルベスタ（ビール）、バーニョ（トイレ）、アミーゴ（友達）、グラシアス（ありがとう）ぐらいなものである。他にないのかと考えるうちにある光景が浮かんだ。

それは大好きなプロレスの一場面である。人気ユニットのロスインゴ（ロス・インゴベルナブレス・デ・ハポン）の内藤哲也選手がゆっくりとした動きで相手を挑発するように「トランキーロ、焦んなよ」と言うところだ。

「焦るな＝急ぐな＝ちょっと待って」

このようにならないだろうか。言い方が強くならないようにしよう。

「トランキーロ、アミーゴ（友よ、ちょっと待って）」

肺に残った最後の酸素を使って消え入りそうな音量で叫ぶ。すると奇跡が起きたかのように男は立ち止まった。俺は自分がここで一旦立ち止まっていたいということを伝えるべくさらに重ねた。

「アミーゴ、バーニョ（友よ、トイレだ）」

男は半笑いで頷く。そして、ちょっと坂の上の方の家を指差した。どうやら目的地に到着しているようだ。早く言えよ！　と思ったが文句をつけるほどの語彙力がないのは既にお伝えしたとおりである。奴は「ちょっと待ってろ」のジェスチャーをして、家の中に入っていった。

暗い夜道で一人になった俺は酸素を無駄遣いするのはわかっていながら、ポケットからタバコを取り出し先ほどの斜面の家の灯りを眺めながら火をつける。そして酸素と一緒に吸い込んだ。

乾いた喉に煙が張り付いた。

バックパックのサイドに差したペットボトルの水を飲む。ボトルを閉めてから口内が潤っているのを確認する。それからゆっくりタバコと空気と一緒に煙を吸った。体内を循環した煙がゆっくりと戻ってくる。

叫ぶように吐き出した煙は夜の灯りが散らばるラパスの街に向かって流れていった。それが消えていくまで追いかけて見ることができた。それぐらいの余裕は戻っていたようだ。少しだけ高地順応できている自分の体を褒めてやりたいと思った。

ラパスの夜景

戻ってきた男の手には白い粉の入ったパケットがあった。なぜかドヤ顔をしていたのが印象的だったが、これ以上は何も言う気にならない。「グラシアス」と言って、おとなしく坂道を降りることにした。下り坂は体力的に平気だったが膝が少し痛かった。

その間も煙の消えていったラパスの街並みをずっと眺めていた。この時の風景はいつまでも俺の記憶に苦しさとともに残っている。

11 取り残された夜

ブラジル

油断ならない真夜中の路上

「おい、マジかよ！　ふざけんな！」

2018年の夏の終わり頃のことだ。俺はブラジルサンパウロの真夜中の路上、しかもボアッチを出たところでややキレ気味に不満をこぼしていた。ボアッチとはキャバレーと出会い系カフェと置き屋を合わせたようなブラジルを代表するナイトスポットの形態である。こんな場所で不満をこぼしているのも別に風俗的な意味で外したからではない。遡ること1時間前までの出来事に原因があった。

2週間ほどリオデジャネイロに滞在する取材を終えてサンパウロに移動した。サンパウロは初めての街だったが、ここには頼りになる友人Kが住んでいる。彼を頼って滞在することにしていた。10年来の付き合いである。サンパウロ入りする前から「任せろ」と言う彼の言葉を信じていた。実際、すすめられるままに街の中心部、Kの会社に徒歩圏内のホテルを選んだほどだ。この時点で完全に油断していたのは否めない。

通常の俺だったら自分で調べて街の地理とかを頭に叩き込んでおくところなのに、「案内人がいるのだから徐々に慣れていけばいいか」とのんびり構えすぎて準備を怠っていた。しかもサンパウロはブラジル第一の都市として安定感のある場所だった。ちなみに首都のブラジリアは行政の中心であり都市としてはサンパウロが頭抜けている。そんなこともあってどこか治安的なことでは安心し切っていたのだ。

空港からホテルに到着後、チェックインを済ませると街の空気を感じてみようと一本裏の路上でタバコを吸ってみた。路上喫煙はあまり推奨できることではないが、ゆっくりとタバコの煙を燻らせて街ゆく人たちを観察することで気がつくこともある。

たとえばブラジル人たちもそれなりにタバコを吸っているが、喫煙者自体そこまで多いようには感じられなかった。タバコ屋も多くはない。これは外国人である俺にわからない場所で販売しているだけなのか、よ

サンパウロの街を背に立つ筆者

ほど高級品なのか。

後でわかったのだが、国策で健康増進を掲げており、徐々に規制する方向であるという。もしかしたら喫煙者やタバコ屋が目立たないのは、その影響なのかもしれないが、さすがに深いところまでは路上観察や散歩だけではわからなかった。

ホテルの周辺を散歩したところで友達と合流した。ステーキでも食べようとなったが、昼を過ぎたばかりで時間的には相当早かった。そこで向かったのは中心部の外れの方にある大きな公園。ここは少しだけ治安が悪い特徴に合致するような場所だった。要するにドラッグの売人やホームレスがいるような場所だったのだ。こういう雰囲気はどこの国でも好きなもので、Ｋの案内で少し散策することにした。

「郊外に出なければ、一応、この辺りがサンパウロの危ない場所かな。まあ、マルゴンさんにしてみれば余裕でしょ」

「別に怖いところが好きなわけじゃないから。取材でもなかったら近寄ったりしないよ」

「またまた〜。危険とかスリル、大好きじゃないですか」

実は直前まで取材していたのがリオのファベイラ（貧民街）やギャングたちである。もしかしたら危機察知のアンテナ、恐怖の抑制といった感度が完全にバグっていたのかもしれない。そんな内面のズレがあるかもしれない懸念を口にすることもなく、どうでもいい思い出話を重ねたりして旧交を温めた。その後も廃ビルのようなマリファナの販売所や大型置き屋など、地元の人でないと知り得ないおもしろスポットを巡り、時刻はいつの間にか夕方になっていたので、ようやくステーキ屋に入った。

別にステーキ屋と看板を掲げている訳ではないが、ブラジルの飲み屋のつまみは大抵がステーキである。肉の塊を焼いただけといった感じなのだが、これがたまらなく美味しい。日本では当たり前になっているサシの入った柔らかい肉ではない。赤身で歯ごたえのある肉なのだ。ゆっくりと噛んでビールで押し流す感触がたまらなく良かった。

何本も飲んだせいで、タバコの銘柄は覚えていない

ブラジルではとにかく肉である！

のに、お気に入りのビールができた。Ｓｋｏｌ（スコール）とＢｒａｈｍａ（ブラハマ）だ。いずれもブラジルでは定番のビールだ。肉を食ってビールで流し込む作業を繰り返していたら無性にタバコを吸いたくなった。やはり俺にとって煙もつまみなのかもしれない。

ナイトタウンで消えた友達

ひとしきり飯を楽しんだところで「飲んだらボアッチでしょう！」と、Ｋに誘われる。極めて個人的な嗜好を言わせてもらえれば、俺は飲んだら寝たい。正直、遊ぶ気にならない。とはいえ、ここはＫの地元である。彼の顔を潰すのもよくない。重くなった腹をさすりながら付き合うことにした。これは中学生の「俺、性欲なくなった」的な強がりではなく、本当にそう思っていたのだ。むしろ積極的に遊ぼうと思っていたら、この後の展開でも納得できる部分はあったのだが……。

サンパウロの街並み

連れていかれたのは、人気のボアッチでかなり多くの女性や男性客で混み合っていた。この点で正直、自分がどのあたりにいるのかわからなくなっていた。昼間に歩いたあたりから15分か20分ぐらいは移動したかなという感じであった。

しばらく店内でビールを飲みながら女の子たちを眺めていた。

サンパウロでの出来事、滞在中に何をするのか、日本での思い出などとりとめのないことを友達と話していた。少し経つとタバコが吸いたくなったが、店内では禁煙だという。店員から奥にある吹き抜けスペースが喫煙所になっていると教えられた。

タバコを吸って、トイレに寄り、女の子たちに声をかけてポルトガル語ができないことをいじられて、英語で言い返すを繰り返してから席に戻った。友人が席にいなかったので「あれ?」と思ったが、どうせトイレか酒のおかわりだろうと思って、俺も飲みながらダラダラと過ごしていた。

しばらくぼーっとしているが、友達が現れる様子がない。スマホを見ても着信どころかLINEも届いてない。

心配になった俺から「どうした?」「大丈夫か?」と送るが既読すらつかない。

実はボアッチは二種類あって、店舗にプレイルームがあるタイプと近隣のホテルに行くタイプがある。ここは前者だったので、この時点で「あいつ、プレイしに行ったな」と確信していた。それからさらに30分が経過した。その頃になって「もしかしたら違うかも」という疑念が湧き上がってきた。

「そもそも黙ってプレイしに行くだろうか。いや、やつならやりかねない。う〜ん」

仕方ない。あと10分待っても来なかったら……どうする？　そもそもここがどこかもわからない。ちょっと待て、これってマズくないか？　しばらく思考停止していたが、ようやく自分の置かれた状況を把握したところでLINEが届いた。

「嫁が怒ってるから先に帰る」

俺は固まった。時刻は既に深夜だった。この辺は昼間でもドラッグの売人がたむろしているような場所でサンパウロの中では治安の悪い方に入る、などという友人の説明をよりにもよってなぜかこんな時に思い出した。俺は散々迷った挙句、店にいても仕方ないと、とりあえず外に出て様子を確認しようと思った。

もしかしたら店の前にはタクシーの列とかできていて安心安全かもしれないからだ。むしろそうじゃなかったら友達を置いて地元の奴が帰るはずがない。

ゆっくりと歩きながら店のドアを一歩出ると、タクシーどころか車もそれほど走ってない。道は暗い。何グループか男たちがたむろしている。

ダメじゃん！

そういえば、あいつはそういう奴だった。見た目は日本人だが、心はほとんどブラジル人。むしろブラジル人に大雑把と言われるような奴である。ここにきてようやく初めての街で置いてけぼりにされたのだとあらためて思った。

「おい、マジかよ！　ふざけんな！」

ここで冒頭のブチ切れ発言に繋がるのである。最初からひとりだったらなんとも思わなかっただろう。最低限の準備はしているはずだからだ。自分のミスで追い詰められた俺の思考は揺れ出した。

夜のブラジルはお世辞にも治安が良いとは言えない

きっと街歩きの補助輪となる友達Kがいるということで油断していたのだ。子供の頃に、補助輪を外された自転車を漕ぎ出すのとは訳が違いすぎる。

この時、浮かんだのは「店の人は何メートル先まで〝客〟として守ってくれるのだろうか」ということ。店の中ならスタッフが何とかしてくれるだろう。入口ではどうか。多分、なんとかなる。店の敷地内だ。では、店の入り口を背にして歩き出したらどうなるのだろう。

なんだか考えるのが面倒になった。揺れた思考の先に自分の安全の担保をどこに置くのかという訳のわからないところに陥って色々面倒になったのだ。

（もういいや、行っちゃえ）

俺は出入り口までできたことで、この街に入ってからバグっていた危機察知アンテナの感度が戻っていることに気がついた。

戻ってきた俺の直感は「行ける」と言っている。もういい、行ってしまえ！　一気に歩を進めて店から離れる。その瞬間からこっちを見ている連中がいる。若い男たちだ。数名のグループ。短パンによれよれのTシャツ。どこにでもいるお金のなさそうな若者たち。

悪い奴らじゃないかもしれないし、思いっきり悪い奴らかもしれない。普段はいい奴でも俺を獲物と認識したら一瞬で狩人に変わるかもしれない。

獲物として値踏みしているのだとしたら、いったいどれほどの値段をつけてくれているのか。困ったものだ。感度のバグりが戻って落ち着きを取り戻したことで、周囲を観察する余裕も生まれた。すると不意に俺の記憶の扉が開いた。

いつだったか、ニューヨークの知り合いに「ゴンザレスさんは、こっちに来ても地元みたく過ごすよね」と言われたことがある。海外だろうとどこだろうと、自分のペースで過ごすし、できるだけ自分のやり方を貫く。そんな姿を見てのことで、深い意味はなかったのだろう。だが、この些細な言葉を今の俺の自信にするしかない。この時ばかりはそう思ったのだ。

「俺の街」ではないが、写真で見るとそんなに怖くは見えないかも

（この街は俺の地元みたいなものだ）

自分に言い聞かせた。そうすることで振る舞いがより自然になる気がした。すると勝手に体が動いた。ポケットから汗でやや湿ったタバコを取り出す。俺にとって自然な動きといえばタバコだ。いつものアメスピ（アメリカンスピリッツ）である。口にくわえてゆっくりと火をつける。あとは深く空気ごと吸い込んだ。肺に溜めたあと真っ暗な空に向かって大きく吐き出した。自分が作り出したもやが薄いカーテンを作ってくれた。向こうに見える男たちの視線が若干緩んだような気がした。

それから男たちにこっちから目を向けて決して逸らさず、思いっきり距離を取るのではなく、程よい距離を保つことを優先した。その方が自然だと思った。そのまま歩道から車道に一歩降りて、ゆっくりと歩き出した。

振り返らなかったが誰かがついてくる気配がしていた。彼らとて別に本当に悪い奴らではない。たまたま俺の視界に入っただけなのだ。だが、ブラジルで油断はできない。特に深夜の風俗街なんて何が起きるかわかったものじゃない。俺は拳を振り抜く準備だけはしていた。

（くるならきやがれ）

いつだってやりあう覚悟はできている。ゆっくりと歩いていくと視界にタクシーが入る。こっちに向かってきた。空車っぽい。俺は焦る様子を見せないでタクシーの前に出て止まれのハンドサインをする。ゆっくり止まったタクシーに乗り込んだ。運転手の許諾はいらない。多少のぼったくりは覚悟しても許せる範囲だろう。

運転手は人の良さそうな初老の男。ブラジルで英語はあまり通用しないが、翻訳アプリと地図アプリを駆使して説明すると笑顔で頷いて出発してくれた。

すでに何の問題もないが、一応、気を抜かない。この運転手が豹変する可能性だってある。いや、あるはずだ。というか、このまま何も起きないのもちょっともったいない。このあたりは体験型作家のもの悲しさ。どんなに追い詰められていても、ぎりぎりのところでネタになりそうな時はそんなことを考えてしまうのだ。

そうこうしているうちにタクシーはホテル前に到着した。俺はこの運転手を疑ったことを申し訳なく思い、お釣りはいらないと言って降車した。

そしてホテルの玄関横の喫煙スペースに腰掛けるようにしてタバコを吸った。この時ばかりは、煙が流れていく夜空よりも、ゆっくりと立ち去っていくタクシーを見ていた。友達に置いてきぼりにされた夜の煙は少しだけ安心な味がした。

12

喉に刺さった骨と沖縄タバコ

沖縄

風が魂を運ぶ島へ

海外危険地帯の取材をメインにしてきた俺だがコロナによって活動は大きく制限されていた。俺が活路を見出したのは日本国内。普段はYouTubeに力を入れつつも、記事やSNSでは国内でも特に沖縄を重点的に扱った。

沖縄中部のホテルSPICE MOTELのアンバサダーとして、地域の魅力を発信する仕事などもした。この時に沖縄の面白さに目覚めてしまい、この2年だけで3、4回訪れた。もはや取材とか関係ない。プライベートで楽しくなっていた。しかも11月の終わり、俺はまた沖縄にいた。直前に高知でトークイベントをして、その足で沖縄に同じくトークイベントで訪れていたのだ。

今回は一人旅ではなく同行者がいた。元火葬場職員の下駄華緒さんと呪物コレクターの田中俊行さん。人気上昇中の怪談師二人との旅は最初から面白いことになっていた。

まず、イベント場所である高知に向かう飛行機に田中さんが乗り遅れた。空港のベンチで眠ったまま飛行機は出発。結果、イベントに大遅刻。2時間近く遅れて別便で高知にたどり着き、会場にタクシーで乗り付けてステージに直行するかと思いきや、そのままスルーしてタバコを吸い始める珍事が起きた（会場が古い日本家屋だったため渡り廊下越しにスルーして歩いていく田中さんの様子がお客さんに丸見えだった）。

参加してくれたお客さんには申し訳ないが、遅刻いじりでイベントは盛り上がった。しかも遅刻した田中さんが、流石に凹んで高知でも沖縄でも奢ってくれたりしたので、財布も傷まない。沖縄でも遅刻ネタをいじり倒したことで盛り上がった。圧倒的に気分良くそのまま東京に帰るかと思いきや、旅のメンバーに現代魔女のマハさんが加わった。

普段は大阪で魔女活動をしている彼女をわざわざ沖縄まで呼んだのには、相応の理由があった。実は取材したい場所があったのだ。それも沖縄本島ではなく、隣の与論島。正確には奄美群島に属しているので鹿児島県なのだが、那覇空港から30分の距離で、気持ち的には沖縄である。ここを訪れたのは伝統的な埋葬方法である「風葬」を見るためだった。

風葬は火葬や土葬と違い遺体を剝き出しにして自然の風に当てて葬る葬儀方法のことだ。かつては世界中で見られたのだが、宗教や衛生的な観点から法律で禁止されていることもある。ほぼ目にすることはできないのだ。そのため今の我々には奇異に映る葬儀（埋葬）方法かもしれないが、実は日本でも古くから行われていた。それが沖縄や与論島を含む奄美群島だったのである。

ほとんどの風葬は戦前のことで、戦後は「墓地、埋葬等に関する法律」が定められたため廃止・禁止された。そのあたりのことは、元火葬場職員である下駄さんが詳しく教えてくれたのだが、南国で飲みすぎたせいかあまり覚えていない。

ただ、目的地であった与論島に火葬場ができたのは20年ぐらい前のこと（これも下駄さん情報）。この島には風葬の名残が他の島よりも多い。そんなことを魔女のマハさんからも教えてもらったが、同じく飲みすぎたせいか細かいことは覚えていない。

マハさんは数年前に島を訪れて、その時に知り合った島民の方が管理しているジシと呼ばれる風葬地に行ったことがあり、その際にその方の一族の墓域へ入る許可をもらっており、今回はそのコネクションを活かしての取材となった（こういう時代なので不法侵入ではないことを強調しておく）。

はっきり言って、俺と下駄さん、田中さんは露骨にテンションが上がっていた。

島民は5000人ほどの小さくて美しい島で、現在の本州や沖縄本土でも見ることのできない異文化の埋葬方法を目にすることができるのだから興奮するなというのが無理である。不謹慎な部分は目を瞑っていただければ幸いである。

那覇から飛行機で与論空港に降り立った俺たちは、近くでレンタカーに乗り換えて民宿に向かい、そこで荷物を置くとすぐに探索に出た。静かにテンションマックスである。

マハさんの案内で風葬の場所付近に迷うことなく10分ほどでたどり着いた。本当に小さな島なので道に迷うということがほぼない。ここで何も起きないことに少々の落胆はあったが、実に不思議な導きがあった。

海に面した崖面に不意に現れた坂道。妙に気になったので登っていくと窪み、ジシがあり、そこに無数の人骨が散乱していた。ここは彼女が前回訪れていないジシだった。想定していた以上の人骨の数にやや圧倒されていると、

与論島初上陸の筆者

「この島では人骨には魂はなく、ここに埋葬されたときには海に、島に還ったと考えられています。気にしないで大丈夫ですよ」

そんなふうにマハさんが教えてくれた。そして、「そんな魂に呼ばれたのかも」と優しく言い添えてくれたのだった。

大学院で横穴墓を研究していた俺にしてみれば、ジシは見慣れた光景のはずだった。横穴墓は崖面などに掘られた洞窟状の墓所で、古墳時代から古代にかけて造墓され、全国的に分布している。埋葬されていたのは地域の有力者であった。その墓の形状と少し似ている。

散乱しているように見えるが埋葬された人骨

違いはここに葬られているのは島民たちであるということ。きっと探せば子孫たちがこの島には残っている。あとは埋葬されている骨が100年ぐらい前から70年かそこらだということ。横穴墓みたいに1000年も昔の人たちではない。

墓の研究もしていたし、樹海探索もしてきた。おかげで過去に何度も人骨を見たことがある。殊更に珍しがるものではない。それなのにジシにある骨は、過去に見た骨とは何かが違う。スピリチュアルな言い方になるが、まとわりつくような念が感じられないのだ。妙にスッキリしている。

その理由についてはマハさんが教えてくれた。与論の骨は洗い清めてから風葬されているという。肉体には穢れがあり、完全に朽ちるまではジシに葬ることができないからだ。最初は砂浜に一時的に埋葬され、数年かけて肉体が完全に朽ちたところで、風葬される前に洗骨されているのだ。このプロセスを経て風葬されることで魂はニライカナイ（海の彼方や海の底にあるとされている伝説の島、理想郷）に還っている。ジシにある骨に

人骨の奥に骨壷のようなものもあった

は魂すらも残っていない状態なのだ。

島ならではの宗教観でありながら、自然信仰や祖先崇拝、そんなことから理解できる部分が多いと思った。ただ、魂の存在を信じているとかではない。あくまで現場でそんなことを感じたというだけの話である。ジシを去るときに心ばかりのお礼の品を供え一礼して立ち去ることにした。島の流儀はわからないので、自分なりの敬意を払った。

海に還った魂は許してくれるだろうか。海を見ながらタバコをふかして、そんなことを考えていた。

青春時代の苦い味

ジシを後にして島内を少しうろついた。島に漂う空気はゆったりとしたものだ。宿に戻って休憩してから夕飯に行くことになった。部屋に取材道具を置いて、民宿の2階の廊下の端っこに行った。疲れを癒すために一服である。

置かれた灰皿の前で田中さんがタバコに火をつけてマハさんと話していた。そのタバコは同行者の下駄さんが那覇のコンビニで買った「うるま」だった。

うるま、ハイトーン、バイオレット

これらが沖縄を代表するタバコであることをご存じだろうか。とはいえハイトーンは2011年、バイオレットが2018年に販売が停止されていて、現在はうるまを残すのみである。

下駄さんが買ったはずのうるまをなぜか田中さんが持っていた。理由は不明であるが、俺も是が非でもうるまを吸いたい。

「1本、いいですか」と伝えると、この旅では遠慮がちな田中さんが嫌な顔ひとつせずにパッケージごと差し出してくれた。1箱はいらないので1本だけ取り出す。鼻に近づけてゆっくりタバコの匂いを確かめた。鼻に嗅いでいると記憶の端っこにも残っていないはずのタバコの香りなのに妙に懐かしい感じがした。

思い出の沖縄タバコ「うるま」

それもそのはずで、沖縄タバコを吸うのは初めてではない。何年も前に手にして吸っているのだ。

このタバコとの出会いを解説するには少々昔話にお付き合いいただく必要がある。

沖縄タバコとの出会いは大学生の時だ。専攻していた考古学の道で生きていけたらいいなと淡い期待を抱いて大学院に進学したものの、時代は平成不況が世の中を暗く照らしていた。考古学者として身をたてることなど現実感がなさすぎるどころか夢物語だった。

一般的に学者になるというと大学の教員になることや研究職に就くことがイメージされるだろう。これは時代に関係なく非常にハードルが高い。他に考古学で生きていくためにはどうするのか。最も早道なのは公務員になることだ。地方自治体の教育委員会や文化財課、学芸員として採用されることで給料をもらいながら研究ができる。

ところが不景気の時には公務員が人気になる。これまで公務員に見向きもしなかった優秀な学生たちが公務員試験に挑む。結果として倍率は跳ね上がる。専門の勉強をしてきた学生よりも、公務員試験に特化してきた学生の方が突破しやすくなる。

実際、いくつかの自治体の試験を受けたが見事にどこにも引っかからず。その後も、公務員試験の勉強をするわけでもなく、いつも研究室のある建物の前の喫煙所で同じように澱んだ空気をまとった親友と呼べるような仲間たちとタバコを吸って、「将来どうする?」と答えの出ない問いを繰り返し、暗くなると金をかき集めて酒を飲んだ。

どうやって金をかき集めることができたのか覚えていないが、ほぼ毎日のように飲んでいた。多分、師匠や先輩が払ってくれたのだろう。若かったので、普通にいつも腹が減っていた。当時のお気に入りはチャーハンにトンカツを乗せ、そこに山芋をかけるというメニューで「スペシャル」と呼んでいた。

とにかく無駄なことばかりしていたのだ。今になって思うとこんな現実逃避ばかりしているような奴が公務員試験をパスできるはずがない。

そんな日々を重ねているときに、親友Nが縁あって沖縄にハマり旅に行くとお土産で買ってきてくれたのがうるま、ハイトーン、バイオレットだった。今と違ってパッケージに健康被害の警告文が掲載されていない旧版のうるまで、値段は160～180円ぐらい。当時でも200円しないタバコは安い印象だった（あんなに安かったのに今では530円である）。

喫煙所では沖縄の味よりも、安くタバコが吸えるので嬉しかった。それだけで、沖縄に思い入れもないはずなのに普段なかなか見ることのないデザインが気に入って、空になったパッケージを捨てずに何年か自宅のアパートの壁に貼っていた。引っ越しを繰り返すうちにどこかに行ってしまったので今は手元にもないのだが。

こんなネガティブな記憶はとっくに忘れ去っていたつもりだった。しかし、俺には考古学の世界に残らなかった小さな後悔があって、それがずっと喉に刺さった小骨のように感じていたのだ。

それが気のせいだと思える出来事が島に来る1ヶ月前にあった。20数年ぶりに、沖縄タバコを持ってきた親友Nの地元を訪ねたのだ。学生時代に一度だけ遊びに行ったことがある。そこで今のNが埋蔵文化財を扱う行政マンとして立派に務めを果たしていたのを目の当たりにしたのだ。

かつて喫煙所で同じように迷っていた友は夢をかなえた。一方の俺は、あの頃、思い描いていた未来とは全く違うジャーナリストの道を歩んできた。そのことに以前は引け目もあったのだろうが、今は自分のやっていることにプライドを持っている。卑屈になることもなくNと話し彼のやっていることに敬意を払えたことで、俺の後悔はもうないのだと自覚できた。何より、中年になった今、若かった頃の後悔などしても意味なんてない。

いろんな記憶や思いが溢れてきた沖縄タバコのうるま。いざ火をつけて煙を吸うと、雑味のある強い煙が入ってきた。アメスピになれた俺の喉にはちょっとキツめだった。懐かしさよりも口の中の苦い味の方が優っていた。

宿の廊下から階下へと漂う煙を眺めていると、俺に刺さっていた小骨は風葬された骨よりもスカスカで、むしろとっくに刺さってすらいない、そんなふうに思えた。

3　思い出の中の貧乏

この時のインド旅では、列車に乗って地方の街を回ってからバラナシに行った。その道中に金がいよいよ底をつき二日くらい駅で列車を待ちながら手品をしたりして小銭を稼いだ。大道芸のような大層なものではなく、インドの人たちの善意に縋り付くだけのどうしようもない甘えみたいなものだ。

どうにかこうにか手品がきっかけで仲良くなったインドの人たちが食べ物やお茶をご馳走してくれたりした。それでも宿代は出せず、駅の床に布を敷いて寝た。今だったらいったい何をやってるんだろうと情けなくて惨めに思うかもしれないが、二十歳の俺にはそんな貧乏旅行経験をしていることが誇らしいぐらいだった。きっと日本に帰ったらどうにかなる！　と思っていたのだろう。

さて、当時に戻るが、宿や小銭程度はなんとかなっても根本的にカロリーが足りていなかったので、寝ていても空腹はどうにもならず、旅している間に随分と痩せた。ダイエットというよりも、ただの不健康である。床の上だと背中が痛くてあまり深くは眠れずにゴロゴロしていると、明け方、少し肌寒い空気の中でチャイ売りがくる。

「チャーイ、チャイ、チャイ、チャイ」

飲みたい気持ちを我慢していたが、一定のリズムで繰り返される呼び込みに吸い込まれるようにポケットの小銭を集めて差し出してしまう。素焼きの器にポットから熱々のチャイが注がれた。手品の報酬に貰ったパンを鞄から出してかじった。素焼きの器に口をつけると少しジャリっとしたが、気にせずパンとチャイで流し込む。チャイの甘さが体に染み込んだ。

胃が満たされると、今度はタバコが欲しくなる。こんな時に、ビディの出番だ。④につづく

13

夜に漂う自由の残り香

香港

自由の匂いがする街

「好きな街は？」と聞かれたらアメリカ、ヨーロッパ、アフリカ、アジア……、これまでに旅してきたいろんな街のことを思い出す。

どんな街にもその街の顔がある、それぞれに思い入れがある。ひとつに絞り込むことは難しい。ただし、特別な思いを抱く街に共通しているものがある。「自由」の匂いがするのだ。実際に鼻腔に届く香り的なものではない。旅をしていて、街を歩いていると自然と感じる空気のようなものだ。

「この街っていいな」

何日かさまよっていると不意に浮かぶ思い。そんな出会いがたまらなく好きだった。ところが、俺の好きな自由が抑圧されることが近年はあまりに多すぎた。誰もが思い浮かべるのはコロナとロシアのウクライナ侵攻だろう。

移動の自由、人権、尊厳、命、あらゆるものが抑圧される時代の中で俺は再び旅を始めるようになった。そんな今、どうしても訪れたい街がある。香港である。

hong kong occupy central

友人の岸田さんはカメラマンでドキュメンタリー監督である。その人が台湾取材から帰国した。2014年3月18日に台湾と中国のサービス分野の市場開放を目的としたサービス貿易協定の批准に反対する学生らが立法院を占拠した。それを取材してきたのだ。

のちに「ひまわり学生運動」や「台湾学生立法院占拠事件」と呼ばれるタイミングに出くわした彼の取材が正直うらやましかった。

「俺も行きたいな」と思っているところで、次に何かが起きそうな場所として目に入ったのは香港だった。行政長官の選挙に中国が圧力をかけてきたことに反発した学生たちが中環（セントラル）地区の行政府庁舎前に集まったのだ。非暴力の主張としてペッパースプレーを使ってくる警察に対して、雨傘を開いて立ち向かったことから雨傘革命と呼ばれ始め

黒地に黄色文字、運動を象徴する垂れ幕

ていた。

これまで香港には何度か行ったことがある。恵まれた経済力と高度な教育に裏打ちされた先進国的な無関心な人が多い街。そんな街の若者たちが傘を武器に大国に立ち向かうなど、これはいよいよ差し迫った状況にあるのだと思い知らされた。

香港に向かったのは同年6月の終わり。狙いは香港返還記念日である7月1日。そこで何かが起きると思ったからだ。岸田さんはすでに香港入りしており、重慶大厦（チョンキンマンション）で待ち合わせることになっていた。

重慶大厦といえば、沢木耕太郎先生の『深夜特急』を通ってきた世代のバックパッカーにとっては特別な場所である。尖沙咀《チムサーチョイ》のネイザンロードに面する巨大なビルである。ゲストハウス、雑貨屋、食堂、両替所などなど、およそ旅に必要なものは全て揃う。

スタート地点にしてカオス。そんな感想を抱きながら実際に建物へと踏み込んでみると、意外に綺麗な感じで肩透かしを食う。エレベーターで上階に行くと、ゲストハウスは1フロアに複数入居していたりするので、やはりカオスな雰囲気ではあるのかもしれないと思って、どうしても心が浮き立つ。

岸田さんと待ち合わせた宿で3畳ほどの激狭な部屋に入った。カバンを置いて岸田さんが滞在している部屋に行った。そこは俺の部屋よりも狭い2畳ぐらいの診察台かと思うようなベッドがギリギリ入っているだけのスペースだった。

「岸田さん、ここって」

「今朝になって急に狭い部屋に移動しろって言われて。それまではもう1畳ぐらい広かったんです。床にカバンも置けたのに」

愚痴っている岸田さんに申し訳なさそうに言った。

「それ、多分俺のせいです」

「は?」

俺の部屋番号を伝えると「マルゴンさんが入ってきたから俺が追い出されたってことですね!」

爆笑してくれた。彼の底抜けの明るさになんとなく心のつかえが取れたので、休憩がてらタ

重慶大厦の裏側(窓から手を伸ばして撮影)

バコを吸うことにした。

日本から持ってきたのはラッキーストライクのメンソールだった。

「ここ禁煙？」

宿のスタッフに尋ねると「当然」とばかりにうなずいた。エレベーターで1階まで降りると路上に面した外壁に寄りかかってタバコに火をつける。行き交う人たちは、路上喫煙になんとも思うことはないようで、特に視線を集めることもなかった。

ファッション、鞄、靴、メイクなどなど。外側でわかる属性だけでは中国らしさも、香港らしさも区別はつかない。大きな街に生きる人々にしか見えない。

香港のあちこちに設置されたゴミ箱兼灰皿

（ここで民主主義を守るためのデモが起きているのか）

情報としては知っている。当時、日本のニュースではほとんど扱われていなかったので、付き合いのある雑誌社にデモ取材の企画を提出はしてきたが、どこからも採用されることはなかった。この頃、俺の仕事スタイルは雑誌に企画を通してから海外に出る流れになることが多かった。

出版社を辞めた俺はフリーランスのライターとして活動していた。経済的にそこまで余裕のあるわけではなかったので、旅費を捻出するのに仕事を絡めるのは当たり前だった。そのため、企画を通して記事になる＝売り上げになるという位置付けの旅をしていたのだ。当然のことながら、お金にならない海外取材は費やした労力、時間も徒労に終わってしまう。金にならない仕事とは、フリーランスにとって辛いものだ。そんなことは十分にわかっているのにチケットとホテルを手配して香港に来たのは、香港の自由が抑圧されていると感じたからだ。

地下鉄で岸田さんと現場となっている中環に着いた。車道に溢れる人。どこか中心になるような場所はないかと見渡すと海外からのメディアのベース基地となっているテントはあったが、そこに大手メディアの人はいなかった。

俺は岸田さんと離れて中環を歩き回る。人混みをかき分けて進む。座り込んでいる様子に統一感はない。自然発生的な集まりのような印象だった。

他に歩いていて気がついたのは、ゴミが散乱していないことだった。運営委員会があるわけでもないのにボランティアでゴミの収集場所を作る人がいて、デモ参加者もそれに従う。

大通りを占拠する市民

自由のある都市というのは、誰かに強制されるのではなく、その街の市民であろうとする心、振る舞いをする市民たちによってこそ作られるものだと思う。その意味では、香港人たちの自由を愛する心の強さを感じることができた。
俺はデモ隊から離れるようにしてタバコを吸った。なんとなく人の波の中で喫煙する気になれなかったのだ。それから、俺は7月1日を迎えるまでの数日、香港の街中にある風俗店を覗いたり、香港式カレーを食べ歩いたり、深圳に行ったりと仕事じゃないからこその自由度で歩き回った。

デモを横目にしながら、カレーと一緒にブルーガール（藍妹啤酒）を飲んだ。香港生まれのビールではないようだが、香港人に人気らしい。青色と少女の絵柄のラベルが気に入った。すっきりとした味がメンソールのタバコに合う。

お気に入りのビール「ブルーガール」

店は普通に動き、交通機関も正常。他の会社も当たり前に営業を続ける。こんな時でも香港は香港として稼働している。そんな街の力強さに俺は魅了されていった。

2014年7月1日

何度も通うと中環のデモ現場にも最前線があることがわかった。それでもどこが衝突ポイントになるかはわからない。警察本部の前という感じらしい、という噂話程度の情報を頼りに向かった。すでに多くの人が集まっていたが、カメラを持って首から適当に作った取材パスをぶら下げた俺が日本人でジャーナリストだとわかると「どうぞ」とばかりに前に出された。すると、いつの間にか俺が最前列にいた。

俺が一番前かよ！　と思ったが、まわりを見れば、そこにはいろんな国から香港に来た連中がカメラを構えている。

そんな我々を見下ろしている連中がいた。警察本部の横に建つ人民解放軍の施設で上半身裸になった男たちがお気楽な表情で談笑していたのだ。その視線に気付いたのかどうかわからないが、イギリスから来たというフリージャーナリストの男が突然立ち上がって「F●●K　チャイナ!!」と叫んだ。周囲から拍手が起きる。誰もが今夜、何かが起きると思っていた。

張り詰めた空気が弾けるのを待っている。そんな感じがしていた。

俺はどうしていいのかわからないのだが、とりあえずこの場を動くべきではないと思っ

Fワードを叫んでいたイギリス人ジャーナリスト

た。じっとりと嫌な汗をかいてTシャツが体にへばりつく。水分を補給しつつ、やがて深夜0時を迎えた。静寂だった。

10分、20分と時計の動きを見ていると警察本部の建物から警察隊が出てきた。緊張が走った。

デモ隊や周囲の連中が腕にサランラップを巻いた。俺もそれに倣う。頭にタオルを巻いてゴーグルを装着した。警察がデモ隊に向けて噴射するペッパースプレーへの対抗策である。

「来るなら来い！」

ここは民主主義の最前線だ！　妙なテンションのギアが入った。もはや取材ですらない気持ちになっていた。俺は香港人ではない。自由のために戦う気概がどの程度かわからないが、それでも今ここにいることが正しいと思った。

汗が垂れる。

一応、覚悟を決める直前の一服をする筆者

喉が渇く。

目が霞む。

どうすればいい。

俺の前にはデモ隊のメンバーは誰もいない。

何分経過したのかわからない。すると、警察が隊列を組み直した。そして、警察のトップと思しき人物、イギリス人の警察の高官がゆっくりと歩いてきた。

ぶつかる。衝突する！

緊張感はピークに達した。

「私たちは、君たちを尊重する。排除しない！」

警察が発した意外すぎる言葉に一瞬の静寂の後、現場では拍手が巻き起こった。俺は自

眼前に居並ぶ警察隊。空気の張り詰め方が異様だった

分の心から空気が抜けていくような感覚をおぼえていた。他の人たちも同じだったのだろう。その場から誰も動こうとしない。

しばらくしても警察はそのまま動かなかったが、今夜は何も起きないと確信するまでその場を動けなかった。

徐々に空が白んできた。そこでようやく俺は安心して笑顔が溢れ、岸田さんと一緒に宿に戻ることにした。あの狭苦しい部屋に戻る方が圧迫感で潰れてしまうかもしれないなと軽口を叩きながらタバコを咥えた。

香港はこれからどうなっていくのだろう。相手は中国である。きっと勝てない。そんなことはわかっている。それでも香港人の強さ、香港人らしさを失わないで欲しいと勝手に彼らに託して立ち去ることにした。

薄明かりの中環の街。夏の朝だが少しだけ肌寒い風が吹いている。そこに俺のタバコの煙も一緒に運ばれていく。この瞬間、煙のあった風景を俺は忘れることはないだろう。

この後、俺は何度か香港を訪れたのだが、事態が転換したのは2019年7月1日のことだ。

あの日の続きが始まる

２０１９年、香港で民主化を求めるデモ、雨傘革命。すでに世界中のメディアが香港に入っていたし、かつて学生の身でデモに参加していた子たちの中には、独自のメディアを立ち上げてジャーナリストになる者もいた。リアルタイムで発信される映像や情報からわかるのはデモの変化だ。平和的だった以前のデモと違い、警察とのぶつかり合いが顕著になっていた。それだけに俺は２０１４年に警察と向かい合った記憶、あの時に吸ったタバコの自由の味、自由を求める人たちの熱気を思い出していた。

「行かなきゃ」

どうしてもこのタイミングで現場に行かなければならないと強く思った。６月の終わりに荷物をまとめてチケットを買った。アジア取材用のＳＩＭカードは常時いくつかストックしていた。現地で報道陣が目印のために着ている蛍光色のベストは手に入れられなかった。仕方ないので目立つ色のストラップにプレスカードをぶら下げた。過去の取材で作ったもので、フィリピン政府発行のものだ。期限は２年前に切れていた。ないよりはマシだろうという感じで、それもカバンに詰め込んだ。

このデモに肩入れするのは、暴力と抗議活動をイコールにして結びつけない香港人の価値観が東京人の価値観と似ていると勝手に思ってきたからだ。俺の独断で異論も反論も無数にあるだろう。あくまで俺の印象でしかないのだが、その分、香港への思い入れは他の人より強かったかもしれない。前回のデモ取材の後も特殊な住居、高層ビルの屋上にあるルーフトップハウスやボートハウスを取材したり、中国との密輸事情を追いかけたりと、何度も訪れていた。そのたびに香港に魅了されていた。それだけに暴力の伴う運動となってしまったことに心がざわついていたが、それでも俺の自由を求める人々を応援する気持ちに変わりはなかった。

羽田空港から香港まで4時間ちょっとで到着した。日本の免税店で買い込んだいつものアメスピを1カートン抱えて降り立った香港国際空港。デモの拡大に合わせて閉鎖されると噂があったのだが、この時は稼働してくれていた。ホテルは前回の取材の時と同じ重慶大厦にしようかとも思

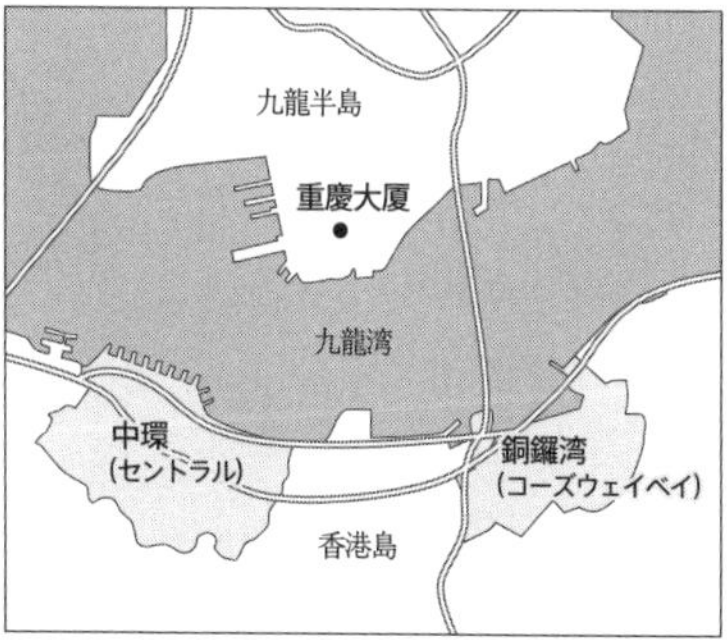

ったのだが、香港島の銅鑼湾（コーズウェイベイ）にとった。デモの中心となっている中環（セントラル）のあたりからほど近いし、何より非常事態には九龍半島と香港島の往来が制限されることがある（可能性として）ので、仮にそうなったとしても大丈夫なように、取材の利便性を優先した。

チェックインしたのは外国資本のホテルチェーン。設備は揃っているし、古びているがそこそこ綺麗な部屋。シャワーやトイレも完備である。これだけで重慶大厦との違いを実感する。重慶大厦は九龍半島側にある巨大な安宿&旅に必要なあれこれと怪しさをこれでもかと詰め込んだ複合ビルである。そこの宿屋に比べれば確かに便利ではあるが、こういう部屋は禁煙なのが辛い。それでもホテルを一歩でれば路上喫煙していても咎められることは皆無である。むしろ、香港の人たちがそこかしこで吸っているイメージだ。

通りに面した店の前で店主が常連客らしき老人と喫煙しながら談笑する。香港の街角でなら、どこでだって見られる風景である。俺がたまらなく好きな感じでもある。眺めていると、彼らはデモに参加しないのだろうかと疑問が浮かんだ。タバコを吸う者同士だからというわけではないが、吸っている間はその場を動かない習性を利用してみることにした。

「どうも。デモ、すごいね」

「あんた、旅行かい？　こんな時に」

ながらくイギリス統治下にあった香港では老人でも英語が通じる。ここも香港の好きなところでもある。

「デモを見にきたんだ」

「変な人だね」

「あなたたちは参加しないの？」

「頑張ってほしいと思っているよ。だけどね、私たちには生活があるんだよ」

さも当然のように言った老人に経済都市である香港らしさを感じた。別れを告げて取材に出ることにした。タクシーを使うには近く、徒歩圏内というには体力的にしんどい季節である。日中は歩かなくても汗が垂れてくる。地下鉄で中環まで移動して、過去の取材で何度も通った警察本部や香港議会の庁舎などの並ぶエリアに向かった。

2014年の時と同じく若者を中心に多くの人で埋め尽くされていた。

その光景に既視感はあるが、懐かしさはない。

いつものようにその風景を撮影しようとスマホのカメラアプリを立ち上げる。

「カシャ」

シャッターの音がした。その瞬間、近くにいた少女が詰め寄ってきた。こちらが外国人であることがわかったようで英語で話してくれたのは良かったのだが、どうも怒り心頭の様子で写真を撮影するなということを捲し立てられた。その場をおさめるために目の前で削除したが、今度は「スマホを叩き割れ」という。

流石にそれには応じかねると思い、その場を立ち去ろうとすると今度は大声で喚き出したのだ。その様子を見かねた他の若者たちが、「ごめん」「私たちにはリスクがあるのを理解してほしい」と言ってきた。そのことは十分にわかっていたつもりだったが、ここまでの対応をされるとは思っていなかった。

広場は人で埋め尽くされた

少女が怒りをぶつける相手に周囲がサポートに入ってくれる。香港らしさも感じられたが、どうにもやり切れない気持ちでその場を立ち去った。少し離れたところから振り返ってみると、先ほどの少女は、まだ俺のことを睨んでいた。

やり場のないエネルギーが満ちていて、いつ爆発してもおかしくない。そんな感じで以前の時よりも、デモ隊に漂う空気が殺伐としているような気がした。

虚しさの残骸

いくつかの取材で想定していたチェックポイントをまわった。過去に取材した場所と比較したかったからだ。実際に回ってみるとゴミの処理、物資の補給などもされており、デモの規模に対してきちんとしている印象は以前と同じであった。それから2～3日は、そんな感じで過去との比較をしながら街を歩いた。

変化があったのは7月1日。

デモ隊の力が大きくなって、そのまま弾けたのだ。

立法会の議会庁舎のバリケードを破って占拠したという。その情報を知ったのはホテルに一時的に戻ったタイミングだった。というのも、議会の側にいたデモ隊には動きがないと予想して、大規模デモ行進をしている大通りの方を取材していたからだ。

現場にいなかったことで遅れをとってしまい情報が足りない。俺はスマホで拾えるニュースを片っ端からチェックした。すると、本日中に退去しないと実力行使に出ると香港政府が発表していた。

まだ動く！　と思った俺は、すぐにデモ隊の占拠した庁舎へ向かう。このまま行っていいのか、疲れを理由に休んでも誰からも文句なんて出ない。フリーランスの取材なんてそんなもんだ。そもそもタクシーも動いていない。今更じゃないのか。そんな考えが浮かんだ。同時に迷うということは、俺はこの波に乗れるのかどうかが問われているような気がした。

若いジャーナリストが一気に増えた印象を持った

何があっても行くしかないんだ。

決意を固めていくしかない。

現場に近づいてみてわかったが、警察が付近を封鎖していたのだ。その結果として、俺はデモ隊が占拠している庁舎には入れず、警察による強制排除が終わった直後に潜入することに成功した。

それを可能にしたのは、申し訳程度に持ってきたプレスカードだった。

警察車両を並べて庁舎には入れないようになっていたが、デモ隊の群衆を入れないようにバリケードにしていた。普通なら諦めるところなのだろうが、俺にそんな選択肢はない。ダメもとでプレスカードを示し、「入れてくれ」と頼むと「外国メディアであること」を理由に検問を通してくれたのだ。まさかの展開に驚きはしたが、ともかく庁舎に向かって歩いた。あれだけいた人たちの姿が綺麗になくなっていた。

建物に入るとあちらこちらが打ち壊されている。デモ隊によるものなのはわかったが、無軌道の力がもたらす破壊の惨さを感じるだけだった。

ガラスが割れ、落書きされ、さまざまなものが散乱している。エレベーターもエスカレーターも動いていない。建物内を動いているのは警察とメディアの人間だけ。取材者であることを示す蛍光色のベストを着ているので警察でないことは一目でわかる。

俺はといえば、先ほど提示したプレスカードを首から下げているだけ。やはり蛍光色のベストを用意しておくのだったと、自分の装備に不安を覚えていると警察に呼び止められる。そこでもプレスカードを示して「ジャーナリスト」と強調して乗り切る。期限切れでも国発行の身分証というのがいかに強いものかと思った。そして発行してくれたフィリピンに密かに感謝した。

議事堂を含めてあらゆる場所にデモ隊が入っていたようで、その様子の写真や動画を撮影し終えると俺は建物を出た。その時に改めて入口の写真を撮影しようと振り返った。するとその場にいた警察が俺に気がついて、今度はカメラの画角から外れるように動い

入り口には侮蔑する単語が書かれていた

た。写真を撮られたくないのか、単に気を遣ってくれただけなのかわからない。

その場を離れて検問を抜けてホテルまでの道を歩いた。地面にはデモ隊と警察がぶつかったためであろう痕跡としてヘルメットなどが散乱していた。誰もいなくなったと思っていた道で俺はようやくひと息つくためにタバコを取り出した。

ひどく虚しい。

上空に流れていく煙を見ながらそんな気持ちになっていた。どこかで「自由が勝つ」と信じていたかったのだ。しかし、目の前の結果は敗北以外の何ものにも見えない。実際、この日を境に抵抗運動に暴力が加わり衝突の頻度も上がっていった。俺の取材してきた香港の抗議運動とは明らかに違ってきていた。だが、暴力は人の興味を惹きつけるところがある。実際、このあとも世界中のメディア、多くのジャーナリストやカメラマンなどが香港で取材し発信を続けてくれた。

それでも俺の香港の民主化デモ取材は、あの夜の煙ととも

政治の象徴である議事堂も破壊されていた

に終わりを迎えてしまっていた。民主化勢力は弱体化し、指導者クラスの人間は逮捕拘束された。集会も禁止されてしまった。そこにコロナ禍である。運動どころではなくったという香港人も多かっただろう。現実問題としてここからの巻き返しは不可能だった。

この先、俺は香港の何を追いかけるのだろう。自問自答する。本当はわかっていたのだ。俺が求める香港は人々の暮らしにこそある。為政者が変わっても、そこに暮らす人たちは変わらずに存在する。世界中で見てきた普遍の現実である。そこで起きる暮らしの変化こそ追いかけるべきなのだ。変化と共に生きる人たちの現状は俺が今までも、この先も追いかけるテーマだ。

少し苦い記憶と共に、これからの香港を旅してみようと思った。

14

パリで思い出す地下の記憶

パリ

地下への入り口

2023年、まだ厚手の上着が必要な春先に花の都・パリの地下にいた。地下鉄ではないし、何かの比喩でもない。文字通りの地下である。以前からパリに地下空間が存在しているのは知っていた。そこを取材することになった。

通常、パリを訪れる人はファッション、グルメ、美術、歴史、街並みなどのカルチャー目当てのことが多いだろう。俺もこの街のカルチャーとしての地下探索を目的にしていた。それほどメジャーではないかもしれないが、地下探索は歴史のあるカルチャーなのだ。

だから街ゆく人にインタビューして「地下を見たい」「地下探索をしたい」と言っても怪訝な顔をされることもない。それどころか自分も入ったことがあるという経験者に出くわすことも珍しくない。ただし、「どこから入れますか?」と質問すると「今はわからないな」と一様に渋い感じになってしまう。いざ始めてみると、本当に入り口が見つからない。どうやって地下に降りていいのかがわからない。

実は近年に地下を使った無許可のイベントが開催されるなどの問題があったため、当局も取り締まるようになり、これまで知られていた入口も閉鎖されてしまっているという。

現役で出入りできる地下への入り口というのは、少なくなっているのが現状なのだ。こうした都市の規制はどこでも見られるのでそれほど意外でもなかった。

意外性で言えば、パリに地下空間があることの方かもしれない。では、そもそも、なぜ大都市の地下に空間が生まれたのかというと、ルーツはローマ時代までさかのぼる。パリの地下からは石材が採掘できたのだ。象徴的な石造りの街並みは、地下から切り出した石材で生み出されたものだ。セーヌ川を境目にして右岸と左岸のそれぞれに採石場があった。

都市の拡大に合わせて、大量に採石されたため15世紀頃には地上で陥没事故が起きるようになった。これ以上の無計画な採石は都市の存続に関わるとなり、1776年に王立機関「採石場検査院（Inspection générale des carrières（ＩＧＣ））」が設立された。ここから地下を段階的に補強していくようになった。この補強の際に生み出されたのがゴールのない無限回廊のようなパリの地下「迷宮」というわけなのだ。総延長300㎞を超えるという。

また、パリの地下には墓地としての側面もある。地上にあった墓地だけでは、人口の急増に追い付かなくなった。そこで地下空間に遺骨を移動することになったのだ。今ではカタコンベ（地下墓地）としてパリ観光スポットとして一部が公開されている。

パリの歴史と密接な関係にある地下空間は、パリの人たちを探索に駆り立ててきた。そこを探索する人たちのことをカタフィール（地下愛好家）と呼ぶ。事前に入念な準備をするのが俺のスタイルだが、パリの取材を始めるにあたって案内をしてくれるようなカタフィールとのコンタクトは取れていなかった。

ぶっつけ本番の取材というのは、このようなことは付きものである。現場に来るまでどうにもならない。この地下探索のどん詰まり感は、その状況を実にわかりやすく表している。

何せ足の下には常に地下空間が広がっていて、空間の場所はわかっているのに入ることができないのだ。もどかしいというよりも諦めたりやる気を失ったりしないようにメンタルコントロールが重要なのである。

何日も地下に潜れるか、潜れないかで行ったり来たりが繰り返し、ストレスが溜まって

地下水の流れ込んだトンネル

いった。駆け出しの頃だったら、ここで問題を大きくしそうなものだが、すでに40代後半に入ってきた俺にとっては、これまでの経験で対処できることである。どんな状況にあっても気持ちの昂りを抑えて目の前の現実とこれまでにインプットしてきた情報を元にして、いつもの通りに判断を重ねていけば、多少なりとも道はひらかれると思う。実際、パリの地下への道については、様々な偶然が重なって突如として潜ることができたのである。

パリの中心部から探索を続けていると、数ヶ月前にYouTubeでチェックしたアメリカ人がパリの地下に潜った時の映像と同じような場所を見つけた。「ここかも！」と口には出さないが、記憶を頼りに歩いていったところ横穴を発見できたのだ。しかも、そこにはこれから地下に潜ろうというカタフィールの若者が二人現れたのだ。こんな幸運の波、乗る以外の選択肢などありはしない。

二人も日本から取材に来たことを伝えると快く案内役を買って出てくれたのには感謝しかないはずなのに、そんな殊勝な気持ちも長くは続かなかった。入り口の狭さと通路の天井の低さから体を折りたたんで歩くのだが、体力が想像以上に奪われる。若者二人は関係ないとばかりにずんずん進んでいく。

　彼らはプロのガイドではない。俺のことを見捨てても誰に咎められることもないのだ。一方でこちらは置いていかれたら終わりと思って必死で食らいついた。途中何度も頭を天井にぶつけた。被っていたキャップの天ボタンがズタズタに裂けるほどの衝撃で頭皮にも血が滲むほどだった。

　地下空間を歩き始めて2時間が過ぎたぐらいで、ようやく目的の場所に到着した。そこは葛飾北斎の富嶽三十六景をモチーフにした見事なグラフィティのある場所だった。通称ビーチ。ここに来たかった。参考資料を漁っている時に釘付けになったアート作品である。

案内人となってくれた若者二人

　目的の場所に到着して、ほっとするとタバコが吸いたくなってきた。ここまで若き案内人たちに食らいついてきたことで休憩らしい時間はなかった。いくら広大だとはいえ密閉空間で喫煙するのは憚られた。

　ポケットからタバコを取り出して若者たちに「吸っていいか？」と伝える。顔が曇った。やはり密閉空間ではまずかったかと思ってポケットに戻そうとすると、「地下ではどこからガスが出ているかわからないから気をつけて」と予想外の注意がきた。

　これまでとは違った驚きがあったが、「みんなを危険に巻き込んでまで吸うことはないよ」と伝えると、若者の片方が地面を見ながら何かを探している。目的のものが見つかると指差して言った。

「この辺なら誰かが吸ってるみたいだから大丈夫だよ」

　吸い殻が落ちていた。俺は先人の喫煙者に対して微妙な気持ちになった。そして、自前の携帯灰皿を取り

通称「ビーチ」に立つ筆者。ここに来たかった！

出しながら「俺は捨てないよ」と彼らに言った。暗がりでわからなかったが、うっすらと笑ってくれたような、そんな気がした。

地面に置かれた、いや、元からそこにあったのかもしれない岩の上に腰をかけた。ゆっくりとゆっくりと息を吸ってから口をペットボトルの水で湿らせた、それからタバコに火をつけてみる。誰もいない暗い空間に流れていく煙の向こう側に会ったこともない連中のことを考える。地下に魅せられるのは俺だけじゃない。そのことが安心と充足感を俺に与えてくれた。

これまでに出会った「地下」と冒険

地下アートには苦い思い出がある。ニューヨークで潜った時に案内してくれたアメリカ人から「グラフィックアーティストたちが秘密に作った地下ミュージアムがある。そこまで辿り着けた人はほとんどいない」と教えられた。数日間の探索を経ても俺は辿り着くことができなかった。

その時のミュージアムではないが、パリの地下空間では辿り着くことができたので、地下空間にあるアート作品というものに触れてみたいという願望を満たすことができた。そこには限られたものしか現場に立つことができない喜びがあった。これほど特殊な入場制限をしている美術館はそうあるものではない。

辿り着いたものだけが立つことを許される場所、見ることができる風景。そんなものを求めていた俺がこれまでに取材してきた地下はニューヨークやパリだけではない。ラスベガスの地下トンネル、南アフリカや南米の違法地下鉱山、メキシコの麻薬トンネル、ルーマニアのマンホールタウンなど、種類も用途も異なる地下ではあるがどれも忘れることはできないインパクトのあるものばかりだった。特にルーマニアのマンホールタウンは、TBS系「クレイジージャーニー」の同行取材があり2015年にテレビ放送されたこともあって、今でも俺の海外取材の代名詞的な存在になっている。

ルーマニアのマンホールの内部に暮らす人々の存在を知ったのはNHKのドキュメンタリーだった。ルーマニアの独裁者ニコラエ・チャウシェスク大統領。彼の政権下では堕胎が違法となり、親が養育できない子供達は政府の施設に引き取られた。1989年のルーマニア革命で政権が崩壊すると子供たちを面倒見る施設は機能しなくなり、街にはストリートチルドレンが溢れた。そんな子供たちが厳しい冬を越すために選んだ場所がマンホールだったという。ルーマニア革命の様子はリアルタイムで見ていたので、一連の流れも含めて衝撃的だった。こんなことが起きるのだと興味が湧いて早坂隆さんの『ルーマニア・マンホール生活者たちの記録』（中公文庫）も読んだ。極め付けは浦沢直樹さんの漫画『マスターキートン』だった。主人公のキートンがチャウシェスクの子供達と呼ばれた孤児に出会う。彼らが住んでいたのがマンホールだったのだ。

東欧に潜む闇、そこに迫る主人公の冒険。これは多くの若者に影響を与えたであろう。俺も例外ではなかった。ただし、作中で描かれていたチャウシェスクの子供達を思い出す

地下へと通じるマンホール

のは読後から何年も経過してから。

　きっかけは海外から配信されたネット記事だった。下水道の王を名乗る男がマンホールを出入り口にした地下空間にコミュニティを形成しているというものだったのだ。その記事には「チャウシェスク・チルドレン」の文字があった。

　根拠があったわけではないが、今を逃したらダメだと直感で取材することを決めた。ルーマニアの首都ブカレストを訪れたのは2015年。ノルド駅前の中央分離帯にあるマンホールから銀色に着色したジャケットを着た坊主頭の男が現れた。自称ブルースリー。彼こそが下水道の王を名乗る地下住人たちのリーダーだった。

　この取材でも事前にコンタクトは取れておらず、ぶっつけ本番の取材の申し込みを承諾してくれた。2～3メートル、もう少し深い場所までの縦穴を降りた。人が一人通れるだけの横穴がある。そこに無理やり体を捩じ込んで抜けると視界が一気にひらける。体感の温度は暖かいというよりも暑い。熱水が通る下水管があるからだろう。管にコンクリが打ってある。

　奥に進むとさらに空気がモヤっとした。薄く煙が充満していて見通しが悪い。しかも目に妙な刺激があるのだ。独特のケミカル臭もする。それが薬物中毒者の汗の臭いだとすぐにわかったので、「ここはヤバい」と思ったが、先に入ったブルースリーが「早く来い」と手招きをしていた。気にしている場合ではない。地下空間には多くの人たちがいた。寝泊まりするだけなら軽く100人を超えるそうだ。その多くが薬物中毒者だ。シンナーやヘロインを常用するのは、それだけ現実が辛いからかもしれない。

元々下水道管の通り道を改造しているので縦長の空間を奥まで行くと行き止まりになっていて、そこがリーダーの定位置のようだった。彼とはインタビューを通じて色々と話した。目指しているのは地上に住所のある家を建てること。そこから地下住人たちが真っ当な暮らしを送れるようにしたい。そのために自分は私財を持つことはしないという。自分には血の繋がった家族はいない。住人たちが彼の家族だという。彼の根底にあるのは寂しさと優しさなのだと思った。

それから半年もしないうちに彼の夢は潰えた。彼らの地下空間や地上の家が麻薬取引の温床になっているとした政府により閉鎖され、ブルースリーを含む主要メンバーは逮捕された。それからしばらくして地上の家は火災で焼け落ちた。放火とみられている。

俺がこの地を再訪したのは、全てが終わった2017年のことだった。

出入り口のマンホールには大きな蓋がされていた。地上の家は廃墟になっていて、裏手から入ろうとしたら奥から糞尿の悪臭が漂ってきた。

自然洞穴でない地下空間は意図的に作らないと生まれない。作ることは簡単ではない。そこを利用しようとする者たちの強い意志が必要なのだ。探ってみれば、絶対にその人たちのストーリーがある。歴史、民族、裏社会など、さまざまなストーリーを汲み取ることができる地下空間をこれからも求めていくことだろう。どんな場所も普遍であることはない。そこにあるものがいつまでも存在していない。確かだと思っていたものが煙のように漂って消えていくのだから。

4　ビディ・マスター

ビディを取り出して、慣れた感じで火をつける。最初はできなかった謎の動きのマッチで点火するやり方を身につけていた（今はどうやってもできないが、その時にはマスターしていたのだ）。

いったいいつになったら到着するのかわからない列車を待つホームの淵に立ってタバコを吸った。この駅についた時に「列車が一日遅れてる」と聞いて、することもないので周りを観察していた。チャイの器の扱いぐらいは覚えてしまった。

チャイを飲み干したら素焼きの器を地面に放り投げるのだ。釉薬もかかっていない器は、土に還るらしく、誰もが飲み終わると放り投げる。

目の前に散乱する破片を見ながら、大きく吸い込んだ空気を吐き出す。手のひらをくぐって外に出た煙と吐き出した煙が一緒になって空へと抜けていく。白い煙が綺麗に流れた。この風景を見た俺は、少しだけインドに馴染んだ感じがしたのを覚えている。そして列車が来て、空港から日本に帰国するまで、いつかまたこの国に来るのだろうか、その時、俺は何をしているのだろうか……。旅暮らしをする自分の将来に少なからず不安は抱いていたのだ。

最初にインドを旅してから二十五年が経過した。その後もインドを取材で訪れることはあったが、どうしても一人旅で訪れる機会が作れなかった。貧乏旅の記憶がインドを遠ざけているのかもしれないとも思ったが、二十歳の頃に感じた充足感を上書きしたくなかっただけなのかもしれない。もう、あれほど無鉄砲な旅をすることはできない。

15

これから見る風景

〝あの番組〟の復活……「これから取材に行く」

俺は、かねてから計画していた旅を実行に移すことにした。麻薬ビジネス取材旅である。最初に計画を立てたのは、コロナ以前である。日本の裏社会を取材してきたこともあり、元々興味はあった。２０１６年にはメキシコ南部のミチョアカン州に麻薬戦争の取材に入った経験もあった。

戦場以外では世界で最もヤバいとされる麻薬戦争を取材したことで、麻薬を取り扱う組織や流通、このビジネスそのものをもっと掘り下げてみたいと思ってはいたのだが、当時は「これ以上に危険な取材なんてできない！」と思って自分の中でメキシコ取材に区切りをつけていた。多分、諦めていたところがあったのだろう。ところが、この数年で麻薬戦争は激化するばかり。しかもＮｅｔｆｌｉｘ『ナルコス』のヒットで日本でも麻薬カルテルに注目も集まっていた。波が来ていると思った。区切りをつけていたはずの取材したい気持ちが動き出した。一度動き出した好奇心は止められない。

いつかは麻薬ビジネスを取材できたらいいなというつもりで、ゆるく連絡をとっていた相手に「これから行く」と伝え取材の算段を整えた。誰もが「本当に取材するの？」と言いながらも協力するとは言ってくれた。まだまだ不確定な要素も多いながらも形にできそうだと思っていたところに、今度はＴＢＳ系「クレイジージャーニー」が復活という話が持ち上がった。

顔馴染みのない新しいスタッフ（ディレクターが1名カメラを持って密着するスタイルは同じだったが）が同行するということで不安はあった。それでも、これ以上ないタイミングであるとも思った。今自分のところにきているのは波どころか本当の大波である。ここを逃すわけにはいかない。

というのもテレビ局の名前を借りれば、取材先が公的機関であっても取材ＯＫを出す可能性が高くなるからだ。実際、それまで返事を保留していて不確定だった捜査機関からも前向きな返事をもらうことができた。

中南米の旅を振り返る

麻薬ビジネス取材旅を実現することは俺の夢である。麻薬の原産国から運び屋と同じ流通ルートを辿り、消費地となるアメリカまで旅をする。途中で麻薬カルテルの心臓部である麻薬工場や麻薬トンネルを取材する。概要だけ書いてもアクセスするための難易度が異常であることはわかる。もし新宿の飲み屋あたりでこんな話でもしていたら、ほら吹きのおじさんで終わることだろう。それを実現しようというのだから、我ながら正気の沙汰ではないのかもしれない。

2022年、最初に訪れたのはコロンビア。コカインの原産国の中で最大の生産量を誇り、麻薬ビジネスを国際規模に拡大したパブロ・エスコバルの故郷メデジンは首都ボゴタに次ぐ第二の都市。かつて熾烈な麻薬戦争が巻き起こったことを思うと盆地に広がる都市は巨大な箱庭のように見えた。この街では、パブロ・エスコバルの痕跡を辿った。彼の作った街、施設や関わりのあった人に出会うことで、麻薬王の素顔を垣間見ることができた。

それから、麻薬密売ルート上にある中米パナマに向かった。

これまでパナマには正直なところ思い入れがなかった。日本からも遠いこともあるし、裏社会的にも何かを耳にすることもなかったからだ。実際に訪れてみるとカジノと高級ホテルなどが入った高層ビルが建ち並び、まるで小さなラスベガスのように思えた。しかし、都市化しているのはパナマシティだけ。少し離れたらジャングルが広がるようなところで、南米からアメリカを目指す移民たちがダリエン地峡を越えてくる場所でもあった。
この国では、国境警備警察の協力で検問や潜水艇を取材することができた。さらに都市部のエアポケットのようなスラムにも行き、そこでドラッグを扱うギャングと接触した。そこで聞いたのは、コロンビアとメキシコに挟まれた場所で、両国の麻薬カルテルから見たら自分たちがいかに矮小な存在であるか、それこそ自虐的に語ってくれた。ギャング一本でも普通の仕事だけでも食えない。そんな存在なのだ。久しぶりに感じたどうにもならない現実のモヤモヤは、自分がどこを取材しているのかを突きつけてくれたような気がした。おかげでパナマの印象が強く焼き付いた。

旅先で、現地のタバコにチャレンジするのは俺の密かな楽しみでもあったが、ここまでの旅で特に気にな

メキシコの刑務所の前で撮影

るタバコがなかった。日本から持ち込んだ手持ちのタバコを吸っているだけだった。

ようやくタバコのことを考える余裕ができたのは、メキシコに入ってからだ。

首都メキシコシティに次ぐ大都市グアダラハラのリベルタ市場に宝くじ屋を探して訪れた。この市場は観光名所でもあるし、目的の宝くじはカルテルの資産がそのまま商品になっている変わり種で、どちらも興味があったので、終始キョロキョロとしてほっつき歩いた。その時に並んでいるお店の中にタバコを扱っている雑貨&軽食屋があった。

「メキシコのタバコはある?」と聞くと、店主は「ん〜」と困り顔を浮かべて少し考えた素振りをする。そして、何かを思い出したようにマルボロを指差した。

「それはアメリカだろ!」と思ったが、せっかくの店主の好意である。1本だけ買って吸ってみることにした。

1本というのは、バラ売をしていたからだ。東南アジア、アフリカなどでよく見かけたスタイルなので違和感なく受け入れることができた。着火したのは上からぶら下がっていたライター。こういうところには、共有ライターがあるのも定番である。

深く吸ってみたが、俺の知っているマルボロの味しかしなかった。

店をあとにして宝くじ屋を探していると同行していた案内人のメキシコ人ジャーナリストのガブリエルが話しかけてきた。

「ゴンザレス、マルボロはメキシコで作られているんだ。だからメキシコのタバコなのさ」

意外過ぎる角度からの回答だった。

以前にメキシコのコーラがアメリカよりも美味しいという話をメキシコ人から聞いた時に抱いた違和感と同じである。アメリカは嫌いだけど、アメリカのブランドであってもメキシコで作られているからOKというメキシコ人ならではのマインドだ。このわずかばかりのことからもメキシコとアメリカの関係性が垣間見えた気がした。

ついでというわけではないが、ガブリエルに「メキシコのローカルのタバコはないのか？」と聞いたところ、また別の店で「これ」と言って少し小ぶりなタバ

早速、店先で一服

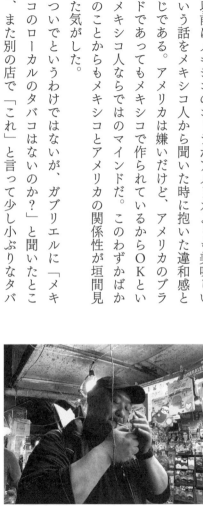

コを教えてくれた。

ひどく雑なデザインのパッケージには「Delicados」と斜めになった文字が並ぶ。包装ビニールを破こうとしたところで、指先が止まった。その場では吸う気が起きなかった。験を担ぐわけではないが、せっかくなら、この旅のゴールで吸ってみたいと思ったのだ。ゴールまでは残りシナロア、ティファナを取材すればもうすぐそこである。

その後、俺たちの旅は国境あたりで紆余曲折あったものの、なんとかティファナを経てサンディエゴにたどり着いた。ガブリエルにはロスまで付き合ってもらい、そこで取材チームを解散した。同行していたディレクターを空港で見送り、通訳をしてくれた友達とはロスの街中で別れた。

「またね」

そんなやりとりも何度しただろう。心のどこかで「いつか本当に、また」と思いながら繰り返している。

ティファナにあるアメリカとの国境に到着

独りの旅で立ち止まりかけた時は

完全に一人になった俺はロスのコリアンタウンにあるホテルにレンタカーで向かった。そこでしばらく滞在して最新のマリファナ事情を取材しようと思ったからだ。ホテルはこれまで以上に清潔で安全が確保されていた。周辺を歩いても銃声が聞こえることもないし、路地裏の交差点でコカインが販売されてもいない。

そんな街で一人になってみると妙な寂しさがあった。それは長い旅を終えた果ての達成感からくるものなのか、しばらくぶりの旅で一人旅の感覚を失ってしまったからなのか。もっと別の感情なのかもしれない。わからなくなった。コロナ禍を経ての心境の変化は多くの人にも起きていることだろう。

俺にもそんな変化の波が襲いかかってきた。

これからどこを旅するのか。いや、これからどこに行きたいのだろうか。

だが、俺はこのマインドの変化への対処法を知っている。自分の好奇心に忠実になることだ。

尊敬する旅の大先輩である関野吉晴さんと日本で飲んだ時、70歳を過ぎたレジェンドは

「俺、将来さ」と前置きしてこれからの旅のプランを話してくれた。その頃の俺はやや自分のこの先の取材人生に迷いが出ていたのだが、一気に吹っ飛ばされた。関野さんは生涯枯れることのない好奇心を宿している。俺にだって、むしろ、今奮い立たなかったらいつ動くのか。関野さんがグレートジャーニーに出発したのは44歳。当時の俺と同い年のことである。

そんなことを思い出しながら、ポケットから取り出したのはメキシコでガブリエルから勧められた「Delicados」だ。両切りでフィルターのないタイプだった。火をつけると口の中にヤニの味がへばりついた。その苦味を噛み締めながら、ロスの空に向かって煙を吐き出した。

これからもずっと好奇心に忠実に旅していこう。そして、メキシコではマルボロを吸おう。そんなことを思う一方で、これからどんな風景を見るのか、今から楽しみで仕方がない。

DELICADOS

再会する旅人たち——あとがきに代えて

世相の移り変わりとともに、俺のタバコ好きも落ち着いてきた。若い頃、どれだけタバコが吸いたかったのかを思い出してみる。

南アフリカに行く途中に立ち寄ったドバイの空港で、係員に「喫煙所どこ？」と泣きついて、結局、空港職員が秘密で吸ってる店の裏に連れて行ってもらったことがある。アメリカの中でも特に巨大なダラス空港では、喫煙所が見つからなくて、いよいよトイレで吸おうと思って入ったら、すでに先客の何人かが吸っていて空港職員に怒られている現場に遭遇。大人しく退散することもあった。

30代、40代と年を重ねると体は刺激をそれほど強く求めなくなった。おかげで10時間以上のフライトの後で、イミグレーションを通過して空港の外に出てからの一服の良さを楽しむことができる程には成長できた。むしろ老化とでも言えるかもしれないが、ともかく今はルールの範囲内で喫煙をするように体が慣れてきているのだ。

喫煙者にとって失われゆく風景が増えている。そこに旅人の視点を加えると、さらにはっきりとした形で喪失を実感する。

バンコクのスワンナプーム空港内から全ての喫煙所がなくなった。空港の外に行けば、今でも吸える場所は設置されているのだが、空港の施設内の喫煙所は完全になくなったのだ。このスワンナプーム空港の喫煙所に直接つながるような記憶があるわけではないが、旅の終わりの場所としての空港から喫煙所が消えてしまったことに一抹の寂しさがあったのだ。

タイのスワンナプーム空港ができる前、バンコクのメイン空港はドンムアン空港だった。喫煙所がいくつかあったのを覚えているが、もっと記憶に残っているのは、そこが最後の再会の場所になっていたことだ。

東南アジアをあちこち旅して、最後にバンコクに戻ってくる旅人が多かった。日本から往復チケット（オープンかフィックスかなど、当時はいろんな買い方をしていた）がお手頃だったこともあったのだろう。旅行者の聖地となっていたカオサン通りに宿をとって同年代の旅人たちと交流する。やがてそれぞれのスケジュールで帰国していく。学生時代の帰国便はノースウェストかエアインディアが定番。安い便を選ぶとフライト時間は決まって深夜か早朝になった。

お金を節約するためにバスで空港まで移動するため、どうしても数時間を空港で過ごすことになる。バーガーキングかマクドナルドで軽い食事ぐらいはとることもあるが、そもそもお金がないので自然と喫煙所に行くことになる。そこには、宿や旅先で別れたはずの連中がいたりする。それは帰りの飛行機の選択、大学の授業開始のタイミングなどから決して低くない確率だったりするのだ。

インド、カンボジア、マレーシア、ベトナムなどで出会った連中と「あ〜久しぶり！」という感じで出くわす。わずか1週間前に別れた奴がいたかと思うと、1年前に出会って名前も知らないけど顔だけは覚えていた奴もいる。関係性の濃度はバラバラだが、喫煙所で出会うと旅先で気を張っていた感じが薄れて、自然とお互いに咥えタバコで旅の報告をしてアドレス帳に連絡先を交換し合う。ネットが未発達だった時代によくみた風景だった。そうして何度か日本に帰ってから集まる仲間もできたりした。当時、住んでいた川崎のアパートに泊まりにきて鍋を囲んで旅の話をしたり、背伸びして代々木上原のアイリッシュバーに繰り出しては、「次はどこに行く?」なんて話を飽きずに繰り返していた。

やがて、学生だった連中が割といいところに就職したり、留学したりする。なかには連絡がつかなくなったり、共通の知り合いから失踪したと教えられることもあった。連絡がついていた連中とも、タバコの火が永遠に燃え続けることがないように、いつかはその関係も途切れていた。

本当は俺も就職して家族を持つとか、親の期待するまともな人生を歩むチャンスはいくらでもあったのだろう。しかしその道を選ぶことはなかったので、今でも若い時と同じか、それ以上の頻度で海外に通い、旅をして、取材を重ねて記事を書き、動画を発信し続けている。あの頃よりも少しグレードの高いホテルや飛行機を選択できるようになった。時には空港のラウンジで出発時間まで過ごすこともある。そこには喫煙所はないし、旅先で出会った同世代の連中との再会もない。

切ないわけではない。俺が同じ場所をずっと見続けてきたから気になるだけ。本当はもっと早くに卒業しているべき生き方なのだ。これも俺が選んだ人生である。

ただ、バンコクの喫煙所は俺にとって若い頃の自分とその周りにいた旅人たちの存在証明のようなものであったのだ。だから、それがなくなった時に少し寂しくなった。そんな感じなのである。

丸山ゴンザレス

1977年、宮城県生まれ。ジャーナリストであり編集者。國學院大學学術資料センター共同研究員。大学院修了後、無職、日雇い労働、出版社勤務を経て独立。危険地帯や裏社会を主に取材している。テレビ番組「クレイジージャーニー」(TBS系列)やYouTube「裏社会ジャーニー」でも活躍中。著書に『アジア「罰当たり」旅行』(彩図社)『世界の混沌を歩く ダークツーリスト』(講談社)『世界の危険思想 悪いやつらの頭の中』(光文社)『世界ヤバすぎ危険地帯の歩き方』(産業編集センター)などがある。

わたしの旅ブックス
051

タバコの煙、旅の記憶

2024年1月24日第1刷発行

著者――――丸山ゴンザレス

デザイン――――松田行正＋杉本聖士(マツダオフィス)

編集――――及川健智(産業編集センター)

地図作成――――山本祥子(産業編集センター)

発行所――――株式会社産業編集センター
〒112-0011
東京都文京区千石4-39-17
TEL 03-5395-6133　FAX 03-5395-5320
https://www.shc.co.jp/book

印刷・製本――――株式会社シナノパブリッシングプレス

本書の無断転載・複製を禁じます。
乱丁・落丁本はお取り替えいたします。
©2024 Gonzales Maruyama Printed in Japan
ISBN978-4-86311-394-7 C0026

〈わたしの旅ブックス〉シリーズ　好評既刊

013
ダリエン地峡決死行
北澤豊雄
コロンビアとパナマの国境、ゲリラや麻薬組織が往来する道なき道を歩いて踏破しようとした一人の男の挑戦。

018
海外旅行なんて二度と行くかボケ!!
さくら剛
大失敗経験豊富な著者が、〝一人旅で出くわす、よくあるトラブル〟を語る抱腹絶倒の旅行記。

026
世界ヤバすぎ！危険地帯の歩き方
丸山ゴンザレス
クレイジーな好奇心が止まらない！危険地帯ジャーナリストが明かす、世界のダークサイドの歩き方。

047
花嫁を探しに、世界一周の旅に出た
後藤 隆一郎
離婚でどん底に落ちた敏腕テレビディレクターが花嫁探しの旅に出た！　抱腹絶倒・感慨無量の初著作。

049
罪深きシリア観光旅行
桐島滋
一介の旅行者として入国した著者が見た戦下の国シリアの今。異色の旅行記であるとともに、問題提起の一冊。

050
インド超特急！カオス行き
嵐よういち
広大な亜大陸を飛行機やバスを使わず列車だけで一周できるか？一筋縄ではいかない混沌のインド列車紀行。